パ　ウ　ロ

パ　ウ　ロ

●人と思想

八木 誠一 著

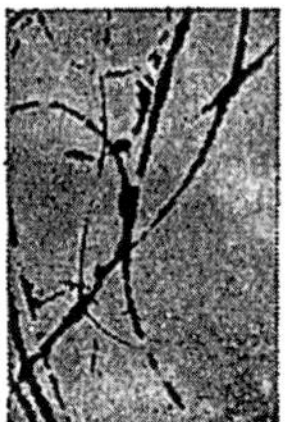

63

CenturyBooks　清水書院

はじめに

パウロを理解するについては、イエスの場合とは違った難しさがある。たとえてみればイエスは美しい自然である。誰でもすぐそれなりに味わうことができる。ただし、自然のこころを自分のこころとするのは容易なことではない。パウロは、一応故事来歴を弁《わきま》えなければ良さも独創性もわからない古代建築か美術品のようだといえるかも知れない。あるいは、ルールを詳しく知らなくてはわからない競技のようなところもある。その代わり、解り始めたらこれは面白い。

パウロを知らなければ、ルターやカルヴァンは勿論、アウグスティヌスも解らない。彼を除いてキリスト教を語ることはできない。それほど重要な人物でありながら、キリスト教会外の人にはパウロがイエスほど関心をもたれないのは、右に述べた事情があるからであろう。

本書は、パウロはキリスト教会外の人にも解るはずだという立場で書かれている。パウロの、私達への問いかけは、「あなたとして感じ、語り、考え、行動しているそのあなたはどういうあなたか。そのあなたでよいのか」ということである。パウロは人間の主体とは本来どのようなものかを告知したのだ。本書は、必要と思われる解説を加えながら、この点を浮かび上がらせようと試みる。

すなわち第一にパウロの生涯と仕事、第二に彼の基本的概念、第三に彼の思想構造という三側面から、パウロの中心問題、すなわち彼が現代の私達にも語りかけることを、描き出そうとしたものである。パウロをめぐる問題は多種多彩だが、本書は概説的に基本問題にふれながら、焦点は人間の主体の成り立ちに合わせてある。

思想的表現という外殻を噛《か》み破って中身を味わうのは必ずしも楽ではない。パウロを学ぼうと志す人のために、本書が多少のお手伝いをすることができれば幸せだと思っている。

一九八〇年　五月　一九日

調布にて　八木誠一

新約聖書書名略語表

マタ……………………マタイによる福音書
マコ……………………マルコによる福音書
ルカ……………………ルカによる福音書
ヨハ……………………ヨハネによる福音書
行………………………使徒行伝
ローマ…………………ローマ人への手紙
Ⅰコリ…………………コリント人への第一の手紙
Ⅱコリ…………………コリント人への第二の手紙
ガラ……………………ガラテア人への手紙
エペ……………………エペソ人への手紙
ピリ……………………ピリピ人への手紙
コロ……………………コロサイ人への手紙
Ⅰテサ…………………テサロニケ人への第一の手紙
Ⅱテサ…………………テサロニケ人への第二の手紙
Ⅰテモ…………………テモテへの第一の手紙
Ⅱテモ…………………テモテへの第二の手紙
テト……………………テトスへの手紙
ピレ……………………ピレモンへの手紙
ヘブ……………………ヘブル人への手紙
ヤコ……………………ヤコブの手紙
Ⅰペテ…………………ペテロの第一の手紙
Ⅱペテ…………………ペテロの第二の手紙
Ⅰヨハ…………………ヨハネの第一の手紙
Ⅱヨハ…………………ヨハネの第二の手紙
Ⅲヨハ…………………ヨハネの第三の手紙
ユダ……………………ユダの手紙
黙………………………ヨハネの黙示録

目次

III　パウロ神学の構造と中心問題

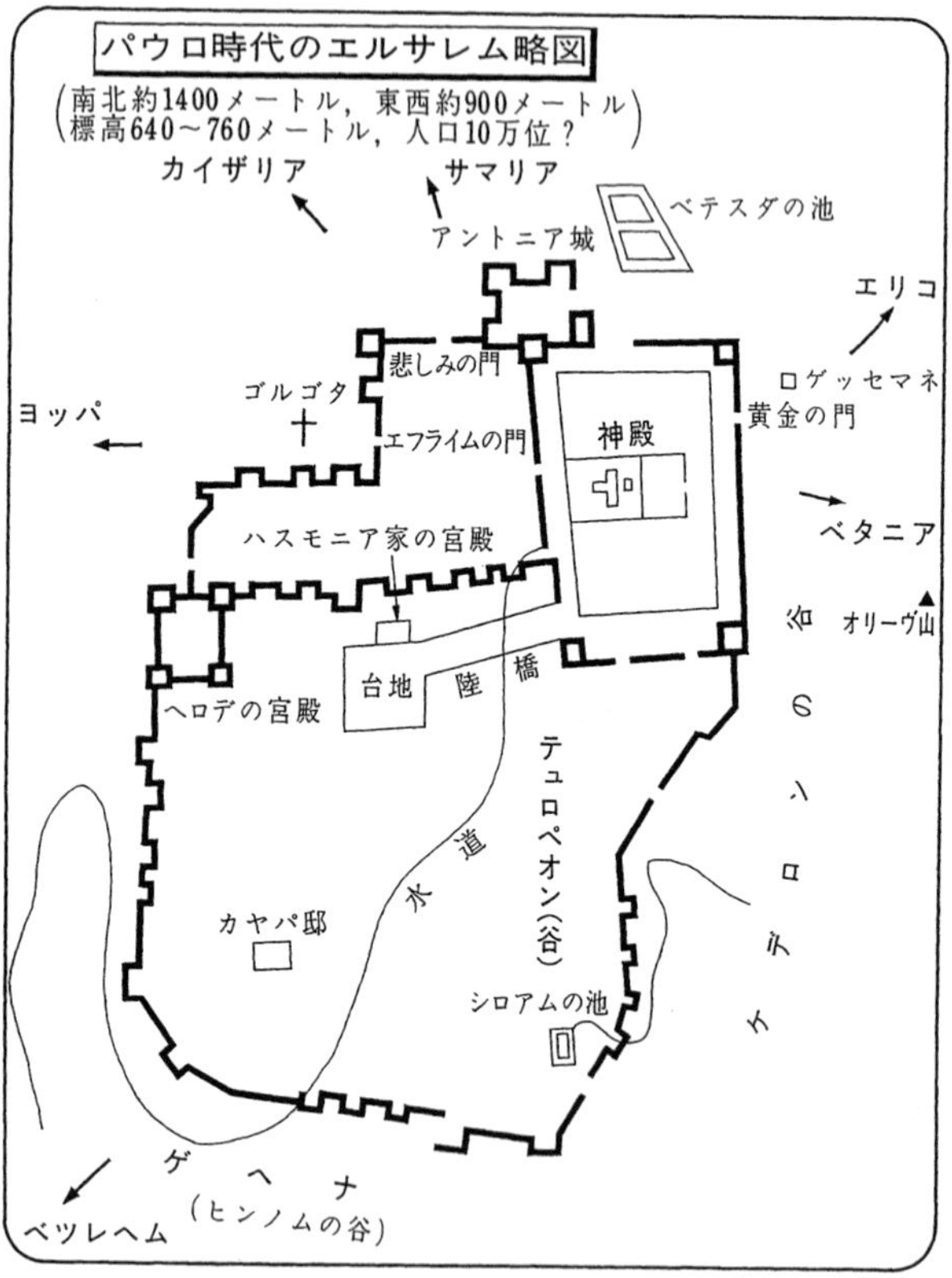
パウロ時代のエルサレム略図
(南北約1400メートル，東西約900メートル
標高640～760メートル，人口10万位？)
カイザリア
サマリア
ベテスダの池
アントニア城
エリコ
悲しみの門
ゴルゴタ
ロゲッセマネ
ヨッパ
神殿
黄金の門
エフライムの門
ベタニア
ハスモニア家の宮殿
谷
オリーヴ山
台地
陸
橋
ヘロデの宮殿
の
テュロペオン(谷)
ン
水
道
ロ
カヤパ邸
デ
シロアムの池
ケ
ゲ
ヘ
ナ
(ヒンノムの谷)
ベツレヘム

Ⅰ　パウロの生涯

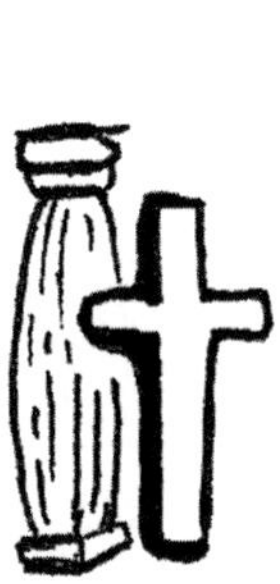

生まれと育ち

パウロは原始キリスト教史上最初の思想家であり、また世界伝道者であった。それには、いくつかの条件がある。第一に彼はヘレニズム世界に生まれ育った。

パウロとサウロ

第二にパリサイ人であった。第三にローマの市民権を持っていた。簡単な説明からはじめよう。

パウロという名はラテン名である。ユダヤ名はサウロといった。よくサウロが回心後パウロと改名したのだといわれるが、それは正しくない。当時のユダヤ人は、ユダヤ名のほかにラテン名を持つ例が多かった（ヨハネ・マルコ等、行一二12）。また『使徒行伝』（以下本文中では『行伝』と略称）は、パウロの回心後かなりたった第一回伝道旅行の途中（一三9）から、彼をパウロと呼んでいる。

パウロがいつ生まれたのかは、はっきりしない。『ピレモンへの手紙』（西暦五四年頃）では自分のことを老人といっている（9節）が、当時は五〇歳以上の人が老人といわれた。ステパノ殉教（三〇年代はじめ）の場面では「若者」として登場している（行七58）。「若者」とは当時ほぼ二四歳から四〇歳までの人のことで、だから若者というだけでは年齢はわからないが、以上のことから西暦元年前後の生まれと推定することができよう。するとイエスと同い歳か数歳年下であると思われる。

タルソ

世界伝道者の条件　パウロはキリキアのタルソで生まれた（行九11、二一39、二二3）。タルソはキリキア平野の中心にあり、ヘレニズム化された小アジアとセム語（バビロニア語、アッシリア語、ヘブル語、アラム語等を含む語族）のシリアをつなぐ場所にある。学問も盛んで、ストア哲学も通俗化された形で行なわれていた。実際、パウロは、「なすべきこと」（ローマ一28）、良心（ローマ二15）、自然（ローマ一26）というような言葉を使うが、これらはストア哲学でよく用いられたものである。タルソの住民はギリシア人、シリア人、ユダヤ人等であったと思われる。このような環境に生まれ育ったパウロは、ギリシア語に熟達し、ヘレニズム文化にも――その最高のものとはいえなくとも、とにかく――接していた。彼が異邦人の使徒となり（当時ユダヤ人は自分達以外の人びとを総称して異邦人といった）、異邦世界に伝道したこと、達者なギリシア語で語りまた書いたことは、彼がヘレニズム都市の生まれであればこそできたことである。

しかし彼は民族的には生粋のユダヤ人であった。彼は自分のことをイスラエルの民族に属する者、ヘブル人中のヘブル人だといっている（ピリ三5）。当時ユダヤ人は地中海沿岸世界の各都市に進出していた（散在《ディアスポラ》のユダヤ人）。しかもパウロはユダヤ教の伝統に熱心なパリサイ人であった（ピリ三6、ガラ一14参照）。パリサイ人については追い追い説明しよう。ここでは以下のことだけを指摘しておく。ユダヤ人は神から受けたという「律法」を持っていた。律法とはほぼ私達の法律や道徳に相当するが、ただそれと違って、宗教的なおきてである。律法を守ることは宗教的な営みであった。そしてパリサイ人においてはこの営みが徹底していた。彼等は律法を研究・解釈し、それをあやまたず日常生活の諸場面に適用することに努め、人は律法を守ることによってのみ、聖にして義なる神の前に、咎《とが》のない正しい人間として立つことができるのだと主張していた（律法主義）。だからパリサイ派とはユダヤ教の有力な一宗派というように考えておいていただきたい。

パウロは、エルサレムに来てパリサイ派の律法学者ガマリエルのもとで学んだと伝えられている（行二二3。ガマリエルについては行五34以下参照）。それにしてはパウロが「ユダヤにある諸キリスト教会に顔を知られていなかった」（ガラ一22）というのはおかしいが、これはパリサイ人と、原始キリスト教団に入った人達とが、もともとグループないし社会層を異にしていたためかも知れない。パウロの旧約聖書の解釈の仕方は、字義にとらわれず、本文を寓喩《アレゴリー》として読むものである（ガラ四21～31参照)。アレゴリーとは歴史物語を哲学や思想の言い換えと解する解釈技術で、歴史物語から思想を読み取った。これはヘレニズム化されたユダヤ人が旧約聖書を異邦人に説明するときにとった方法であった（パウロとほぼ同世代のユダヤ人哲学者、アレキサンドリアのフィロンがその代表である)。パウロが律法を倫理的な戒めに重点を置いてみる仕方（ローマ七7参照）もヘレニズム的である。だからパウロがエルサレムの律法学者ガマリエルの弟子だったとは考え難いところがある。

いずれにせよ彼はパリサイ人であった。自ら律法を守ることにかけては落ち度のない者（ピリ三6)、律法熱心については同年輩の多くの者にまさっていた（ガラ一14）という。そのパウロが、キリスト教に回心した後は、徹底した律法主義否定を説くにいたったのである。換言すれば彼はパリサイ人であったからこそ、原始キリスト教の中に、ユダヤ教とは本質的に異なったものを敏感に見て取ったのである。だからこそ彼はキリスト教会を迫害もした（後述）し、回心後は、キリスト教が内蔵するものを他の誰よりも明確に取り出して言い表わし、展開することができた。なお以上のことと関連して、当時のパリサイ人の仕事（民衆を教え、審くこと）は無報酬《むほうしゅう》だったので、生活のために手に職を持つのが常であった（この層からパリサイ人が多く出たともいえる)。パウロも天幕《てんまく》作りであったといわれる（行一八3)。天幕といっても革製だから、天幕の製作は私達のイメージとは多少違うであろう。

第三にパウロはローマ市民権を持っていた（行一六37、二二25)。この場合、どうしてパウロが市民権を持つにいたったのか、市民権の内容が何であったのか、必ずしも明らかではない。第一の点に関しては、アントニウスまたアウグストゥスのとき、ローマは従属していた外人都市を自治都市に昇格させ、それにともなって市民にローマ市民権を与えることが行なわれた。こうしてタルソとその市民がローマ市民権を持つようになったと考えることができる。

次に市民権の内容であるが、パウロは刑事事件に関連して市民権を行使している。『行伝』によると、パウロは不当に捕えられ処罰されるとき、市民権に基づいて不当な処罰に抗議したり、正式の裁判を要求したりするのである（行一六37、二二25）。また後述のように、カイサリアで投獄されていたときは、ユダヤ人の要求にもかかわらず、ユダヤ人の影響力の強いエルサレムで審《さば》かれることを拒否して、ローマの法廷での裁判を要求した（行二五10～12）。しかし以上の問題に対しては、ローマの法制上からその史実性を認める説と、そうではなく、パウロの市民権行使は、無実のパウロを逮捕処罰するユダヤ人の側の非を強調しようとする行伝の著者ルカの虚構だという説があり、決定は困難である。ただルカは明らかにパウロを有力者ないし有名人に仕立て上げる傾向を持っている。パウロの市民権行使は、前副将軍の身分を明かして悪代官を縮み上がらせる講談の水戸黄門に似たところがなくもないわけで、とすれば、刑事事件におけるパウロのローマ市民権行使の史実性は、控え目に判断しておくほうがよいであろう。しかしパウロがローマ市民権を持っていたとすれば——それは可能である——彼がローマ帝国の版図内を伝道旅行するについて、ローマ法の保護を要求することはできたわけである。これは旅行の便宜と安全のため有用であったと考えることは許されるであろう。

キリスト教迫害

キリスト宣教の成立　三〇年代の初め頃、イエスが十字架上で刑死したあと、エルサレムにいたイエスの弟子達は、「イエスこそ救世主《キリスト》である」と宣《の》べ伝えはじめた。すなわち「イエスは私達の罪を贖《あがな》うために死に、葬られ、復活した。イエス・キリストはやがて到来する世の終わりの時に栄光の姿で現われ、万人を審く」というのである。この宣教《ケリュグマ》が何を意味するか、またパウロがそれをどう展開したかについては、後述する。ここで説明しておきたいことは「贖《あがな》い」ということである。人（この場合まずユダヤ人）は神の律法に違背して罪責を負っている。罪人はやがて到来する終末の時に審判にあい、永劫《えいごう》に消えることのない地獄の火の中に投げ込まれる。しかしいまや罪なきイエス・キリストが人の罪を負い、罪ある人の代わりに処刑された（贖罪《しょくざい》）。それゆえ贖罪死をとげ復活したイエスを救世主《キリスト》と信ずる者は罪を赦《ゆる》され、神の国に入ることが許される。以上がほぼ贖罪ということの含意である。

イエスの復活については本書で詳論することはできない（詳しくは拙著『イエス』—人と思想—〈清水書院〉、『キリストとイエス』〈講談社現代新書〉を参照されたい）。簡単に説明すると、弟子達は死んだ

エルサレム　南方よりの眺望。

イエスが復活したと信じたのだが、現代の私達はそれを文字通りに受け容れる必要はない。イエスが復活して弟子達に現われたということ（Iコリ一五3〜7参照）は、弟子達に人間存在の深みがあらわとなった出来事と解することができる。私達は普通の意味での自分が自分であり、それが自分のすべてだと考えているが、実はそうではない。自分を超えていて、しかも自分を他の誰でもない自分たらしめる働きがある。この働きは、各自をそれぞれ自分自身たらしめながら、しかも各人をひとつの共同体へと結びつける。そのように働くものを、いささか堅い言葉だが、超越者と呼んでおこう。超越者は自己を超えた他者でありながら、同時に自己の深み（根底《こんてい》）なのであり、自己を本来の自己として活かす。超越者の働きを明らかにするのが宗教なのである。

イエスの弟子達はイエスが生きていたときには彼を理解しなかった。イエスは「神の支配」を説いたが、これは超越者の、各人への働きかけのことである。しかし弟子達にはそれが解っていなかった。イエスの死後弟子達には、はじめて超越者の働きが解った。同時に、超越者から生かされて生きたイエスの言行が、彼等にも納得のゆくものとなった。彼等自身、イエスのように語り行なうことができるようになった。彼等は生まれかわったのだ。彼等はこの出来事を、イエスが復活していまや自分達の中で働いているのだと解釈した。というのは、当時そのような考え方がなされていたからである。たとえば洗礼者ヨハネの死後、イエスが洗礼者ヨハネにも優る業《わざ》を行ない、その噂が広まったとき、「洗礼者ヨハネが復活して、その力がイエスの中で働いている、だからイエスにはあのような業《わざ》ができるのだ」といわれたのである（マコ六14〜16参照）。

このように、弟子達が新しく生まれかわり、いまやイエスのように生きていることを自覚したとき、彼等はイエスが甦《よみがえ》ってその力が自分達の中に働いているのだ、だから自分達はそこから新しく生かされているのだと解釈したのである。こうして「イエスが復活した」という告知が生まれた。さてこのような新生は、言い換えれば、神が人の罪を赦《ゆる》し、人を受容し、人が神とともに平和に生きられるようになった、ということであった。ではなぜ人の罪が赦されたのか。いまや人がキリストを通じて神にあって生きているという事実の説明のために、イエスの十字架上の死が贖罪と解されたのかも知れない。あるいはまた、宗教史上例が多いことであるが、罪なき者が非業《ひごう》の死を遂げたとき、その不条理を解決するため、弟子達は師が人の罪を負って死んだのだと解釈した。それが弟子達を、律法主義の重荷から解放して、新生へと導いたのかも知れない。どちらであるかはここで決定しないでおこう。いずれにせよ、ほぼ以上のようにして「イエスは私達の罪のために死に、葬られ、甦った。このイエスこそキリストである」という、最も古い形のキリスト宣教（前出のIコリ一五3～9参照）が成立したのである。イエスの弟子達はこのようなキリストを告知したのであった。

パウロの躓き

このキリスト宣教は、パリサイ人パウロにとっては神の冒瀆《ほうとく》以外の何ものでもなかった。パリサイ人の強い信仰によれば、神は昔イスラエルの民《たみ》をえらび、自らの民とした。つまり民と「契約」を結んだ（契約とは、神がイスラエルの民をえらび、イスラエルの民は神ヤハウェの民となり、神ヤハウェは民イスラエルの神となる合意の出来事である）。この契約の成立に基づき、民の側では、ほかならぬ神ヤハウェとともにある以上、ヤハウェに対して守るべき義務が発生する。その義務が律法である。すなわち神はイスラエルの民に律法を定めまた与え、民が契約に忠実であり、律法を守るときには祝福を与える約束をする。その内容は時とともに展開してくるのであるが、いずれにせよ、契約の出来事こそ神の民としてのイスラエル存立の根拠なのである。イスラエルの平和と安全と繁栄は、民が律法を守ることにかかり、民に与えられたすべての約束、民の持つすべての希望も契約に基づく。イスラエルの民族全体としてだけではない。イスラエルの民の個々の人間についても、彼がやがて来たるべき神の国に入り、永遠の生命に与《あずか》ることができるという希望の保証は、神とイスラエルの民との契約にある。要するにイスラエルの民と個人にとって救済の根拠は神とイスラエルとの契約にあるのだ（ユダヤ教）。

ところが原始キリスト教の宣教は、神ヤハウェとイスラエルの民との契約について異なった解釈を含んでいた。人の救済の根拠はいまやイエスの死と復活にある、というのだ。原始キリスト教はこの主張を次のように言い表わした。すなわち、イエスの死によって、神と民との間には新しい契約が成立した、というのである（マコ一四24、Ⅰコリ一一25参照）。つまり神と民との間にはいまや新しい関係が成り立った。イエスの贖罪死によって、神の祝福に与る新しい道が開かれた。人の罪は赦された。律法を学ぶ機会もなく、ゆえに律法を知らず、したがってそれを行なうこともできない罪人も、いまや救いに与ることができる、というのである。これは伝統的ユダヤ教の否定であり、特にパリサイ人にとっては、そのあらゆる営為の基礎、否その存立の基礎そのものを犯すものであった。この宣教に接したパウロがそれに「躓《つまず》いた」（憤激を以て拒否すること）のは当然である。

迫　害

それゆえ当時エルサレムにいたパウロは、原始キリスト教団を根絶やしにしようと思ったのであろう、教団の迫害に乗り出した（Ⅰコリ一五9、ピリ三6）。やはり三〇年代はじめのことであったろう。しかしそのときエルサレムにある原始キリスト教団のキリスト宣教は、すでに多少の展開を遂げていたように思われる。それはこういう意味である。教団の宣教によると、人は律法に違背して神から罪に問われている、その罪はキリストの贖罪によって赦される。ここまでは右に述べた通りであるが、罪が赦されたあと、人はどうするのだろうか。右に述べた形でのキリスト宣教の枠内では、それまでの罪を赦された人間が新しい気持ちで律法生活に精進することも可能である。あくまで律法を重んじていた人はこう考えたであろう。律法違反が赦されるからこそ、人は絶望に陥らず律法の行《ぎょう》に励むことができるわけだ。つまりこの形では律法主義の否定は起こらない。しかしまた、キリストの贖罪によって罪が赦されるという原始キリスト教団の宣教は、以下の方向に展開されることもできたはずである。すなわち、いまやキリストを信ずる者には超越者の働きがあらわとなっている。そのことを人々は「聖霊を受けた」というようにも言い表わした。人はいまやそこから生きるのである。ということは、神とともに生きる新しい道が開けたということであり、ゆえに、律法を守ったり神殿で祭儀を執《と》り行なったりという伝統的な仕方で神に仕える必要は、もはやない。ということは、伝統的な宗教は克服されなくてはならないし、事実克服されたということである。ここにユダヤ教ではないキリスト教が成り立つのである。

パウロの神学（体系的な神・キリスト・人間理解を神学という）は後述のように、一世紀中葉におけるこのような主張の代表的なものである。しかし、パウロの回心以前に、キリスト宣教をこのような方向に展開させていった人達があったように思われる。行伝の記事によると、原始キリスト教団には、

エルサレムのユダヤ教神殿跡に建てられたイスラム寺院

パウロのようにヘレニズム世界に生まれ育ち、ギリシア語を語るユダヤ人が加わっていた（行六1〜6参照）。この人達はヘレニズム的ユダヤ人キリスト者、略してヘレニストと呼ばれるが、この人達と、パレスチナ（ユダヤ人の本国）在住のユダヤ人キリスト者との間に、あまりにも截然《せつぜん》とした区別を立てるのは、たしかに問題であろう。しかしヘレニズム世界に暮らしているユダヤ人の中ではユダヤ教の伝統が相対化され易いことも事実であろうし、ゆえに彼等がキリスト者となった場合、原始キリスト教が内包するもの、従来のユダヤ教の伝統にはなかった新しいものを発掘し展開し易い状況に置かれていたことも、認めてよいだろう。行伝によると、ヘレニズム的ユダヤ人キリスト者のひとりであるステパノが、律法遵守《じゅんしゅ》及び神殿祭儀の無用論を唱えたことがうかがえるのである（行六8〜13参照）。

そのためステパノは神を瀆《けが》す者として殺されてしまった（行七54〜60。行伝の著者ルカはこの場面にパウロをはじめて登場させている）。それをきっかけにエルサレムで原始キリスト教団の迫害が起こり、キリスト教徒はエルサレムから追放されてしまった（行八1〜2）。しかしイエスの直弟子——

彼等はいまや使徒（キリストの現われに接し、キリストに召され、宣教のため派遣された者）と呼ばれる――は迫害の対象から外されていたらしい。追放されたのはピリポのようにギリシア名を持ち、ゆえにヘレニズム的ユダヤ人キリスト者であると思われる人なのである（行八2以下）。この記事は、原始キリスト教を律法と神殿祭儀無用論の方向に展開させたのが、主としてヘレニズム的ユダヤ人キリスト者であったことを推測させるものである。そしてパウロの攻撃の当面の対象でもあり、またパウロ回心以後は、当のパウロが誰よりも尖鋭《せんえい》にまた徹底的に主張したのは、まさにこのような方向へ向かったキリスト宣教だったのである。すると初期の原始教団には、イエスをキリストと認めながらも律法主義の徹底的否定に到らず、伝統的ユダヤ教の枠内にとどまった人達と、律法主義を否定してユダヤ教の超克《ちょうこく》へと向かった人達との、ふたつの流れがあったことになる。そしてパウロが（恐らく特に）後者を迫害したことは、彼がいかに熱心な律法主義者であったかを証明するものである。

パウロはエルサレムでキリスト者の「家々に押し入って男女を引きずり出し、獄に渡して教会を破壊した」（行八3）のち、北方にあるシリアのダマスコにまで迫害の手を伸ばしたといわれる。それはキリスト者をみつけ次第縛《しば》り上げてエルサレムへ連行するためであったという（行九1～2）。しかしエルサレムの最高法院がこのような権限（人を派遣して他州の者を逮捕連行せしめる権限）を与えることができたかどうかは疑われている。パウロは反キリスト教プロパガンダのために行ったのかも知れない。いずれにせよ、ダマスコへ赴く途上で、パウロはキリストの顕現に接してキリスト教に回心するのである。それは恐らく三三年頃のことであった。

回心

行伝のキリスト顕現物語　パウロが「キリスト顕現に接した」出来事については行伝九1〜19、二二3〜21、二六12〜18に記事がある。パウロがダマスコ近くに達したとき、突然天から光が射して彼の周りをめぐり照らしたので、パウロは地に倒れた。「サウロ、サウロ、何故私を迫害するのか」という声が聞こえた。彼が「主よ、あなたはどなたですか」と尋ねると「私はお前が迫害しているイエスだ」との答えがあった。このキリスト顕現に接して、パウロは、イエスを主・救世主《キリスト》として受け容れるとともに、異邦人への使徒へと召命されたという。

右の叙述は、現代人にはパウロが幻を見たのだとしか受け取れない。事実、キリスト顕現とは、パウロがキリストの幻を見たことだという解釈が行なわれている。ではキリスト教とは、パウロの幻覚の上に成り立っている幻想にすぎないのだろうか。

第一に行伝の記事の史実性が問題である。行伝は『ルカによる福音書』と同じく、異邦人キリスト者ルカによって書かれたもので、成立年代はともに八〇〜一〇〇年の間であると思われる。ルカはこの著作で、キリストの福音がエルサレムからシリア、小アジアを経てギリシアに到り、遂には帝国

パウロの回心　天からの光に照らされ，地に倒れたパウロ。

の首都ローマに到着した次第を述べている。その過程で起こる新しい展開や、教会の重大な決断は、異象《いしょう》や幻によって導かれる。世界伝道の基礎づけ（行二）、異邦伝道への決断（行一〇）、ギリシア伝道への招き（行一六9）など、すべてそうである。つまり行伝における異象や幻は、決して単なる幻覚の報告ではなく、教会の発展と福音の伝播がまさに神の御意《みこころ》と導きによってなされたことを証明するためなのだ。すなわち著作家ルカの技法に属するとみてよい。実際、事柄が重大であるときほど幻による指導も周到で、天使は有能な事務官のように各方面へ行き届いた連絡を怠らないのである。そしてパウロに対する「キリスト顕現」という異象もまさにこの性格を備えている。とすれば私達は、行伝における、パウロへの「キリスト顕現」の記事から、「パウロの『回心』は、彼に異邦伝道をさせるための神の行為であった」というルカの神学を読み取るべきなのである。

第二に行伝における演説の性格が問題である。現在の新約学では一般に、これは史実を再現したものではなく、著作家ルカが演説を創作して、読者に対して出来事の意味を述べているのだと解されている。実際、パウロが自分で「キリスト顕現」を述べている二二章でのパウロの演説もそうである。ここでエルサレムへ帰って来たパウロは、ユダヤ人により神殿冒瀆の罪を着せられて殺されそうになるのだが、アントニア城から出動したローマの守備隊に保護される。多分ローマ側は、この騒動を対ローマ叛乱《はんらん》だと思って、首謀者と思われるパウロを逮捕したのであろう。ローマ兵に保護されたパウロは、許可を得てユダヤ人の群衆に演説する。しかしその内容は私達の予期に反して、神殿冒瀆にかかわる弁明つまり自らの無罪の主張ではない。彼が語るのは、パウロへのキリスト顕現と、異邦人使徒への召命なのである。これを聞いたユダヤ人はいきり立ってパウロを殺そうと決心する。パウロはこの状況で何故こんな話をしたのか。それはルカの著作上の意図からのみ解される。ルカはここで、キリストの福音を拒否してそれを最終的に異邦へと追いやったのは、ほかならぬユダヤ人だと言っているのだ。キリスト教がユダヤで受容されず、異邦に広まったのは、まさに神の意志でもあり、ユダヤ人が自ら招いたことでもあると告げているのである。

キリスト顕現の出来事

すると行伝が描くところの「キリスト顕現」は全体として史実に即していないと言える。「キリスト顕現」が何であるか、それを明らかにするためには、パウロ自身の証言に拠らねばならぬ。パウロ自身は「キリストが私に現われた」（Ⅰコリ一五8）と言う。それはまた神が「その御子を私の中に現わした」出来事（ガラ一16）であった。「私の中に」を「私に対して」と解する学者が多いが、これは、「キリスト」（一般に超越者）をもっぱら対象的他者と解する欧米キリスト教神学の偏見による。すぐあとの『ガラテア人への手紙』（二20）では、「もはや生きているのは私ではない。私の中でキリストが生きている」と言われている。旧《ふる》い私は死に、キリストが私の中に生きている。いまやキリストは私の生の営み全体の主体である。単なる対象存在ではない。それが、前とは違った新しいあり方で、私が私であるということなのである（第Ⅲ章で詳論する）。以上ふたつの箇所はあわせて理解しなければならない。パウロにとってキリストとは、あるときある場所で幻のように現われてまた消えてしまったものではない。「キリスト」とはパウロの全人格的生の営みの根源、パウロをパウロとして生かす働き、「私にとってキリストとは私の生の営み全体のことだ」とすら言える働きだったのである（ピリ一21参照）。要するにキリストとはいまやパウロの生の究極の主体なのである。パウロはキリストから生かされて生きている。ここから見る場合にのみ、パウロの生涯と思想が全体として了解可能となるのだ。しかしそれはパウロだけのことではない。パウロにとって「キリスト」とは、実は万人の生の根源たるべきものなのだ。だから彼はいまや万人にキリストを宣《の》べ伝えるのである。パウロへの「キリスト顕現」とは、以上のことがパウロにあらわとなった出来事である。旧いパウロの自我《エゴ》が滅び、パウロを超えてパウロを生かすものがパウロにあらわとなったことである。それをパウロは、神がキリストを自分の中に現わした、と言うのだ。

後述のようにパウロは、「私達の罪のために十字架上で死んだ」キリストへの信仰において、私達の旧い自我が滅びる、そして私達を本来の私達として生かすキリストの働きが、私達の真の主体となる、と説くのである。「福音は……すべて信ずる者を救いに到らせる神の力である」（ローマ一16）というパウロの主張は、彼の書簡全体を一貫している。すると私達は、(a)パウロが「信じた」こと（すなわち原始教団のキリスト宣教を受容してイエスをキリストと信じたこと）と、(b)パウロの中にキリストが「現われた」ことと、(c)彼が異邦伝道の使徒となったことを、結びつけて解しないわけにはゆかない。そして私の考えでは、実際それが正しい解釈なのである。彼は信じたときに、旧い自我の崩壊と、キリストが自己の真実の主体としてあらわになったこととを、体験し自覚したのだ。旧い自我は滅び、新しい生が成り立った。それはまさしく「救い」であった。そして、もしキリスト宣教の受容（キリストへの信仰）によって人が救われるのなら、律法を知らぬ異邦人といえども救いに与《あずか》れぬ理由がどこにあろうか。神は万民の神である（ローマ三29）。人が律法を行なうことによってでなく、信仰によって救いに与るのなら、律法の道を固執するユダヤ人こそ却って救いへの道を自ら閉ざす輩《やから》なのである（ローマ一〇1～4）。こうして彼は異邦にキリストを宣べ伝えるのである。パウロの救済は異邦人の救済をうちに含んでいた。だから彼は異邦伝道を自らの使命、キリストからの召命として自覚するのである。

パウロの回心

以上のようなわけで、パウロの回心といっても、それは不道徳な生活を悔《く》い改めて、いわゆる「真人間《まにんげん》」になったということではない。彼は「落度のない」（ピリ三6）倫理的な生活を送っていた。また彼の回心は、ある宗教から、異なる神を説く他の宗教に宗旨を変えたこと（改宗）でもない。回心の前も後も、彼が信じた神は同じ神である。回心ということは、律法を守り行なうことが神の御意に従う所以《ゆえん》だと確信していたパウロが、律法の行《ぎょう》によって神に受け容れられる者になろうとして励んでいた律法の道を棄てて、十字架に死んで甦ったキリストを信ずるようになったことである。キリストへの信仰によって神と結ばれたことである。彼が信じた神は前と同じ神であっても、神とともに歩む仕方が前とは根本的に変わったのである。そのとき彼は新生を体験したのだ。「私は律法を通して律法に死んだ。もはや生きているのは私ではない。キリストが私の中に生きているのだ」（ガラ二19～20）。「もし人がキリストにあるなら、新しく創られたものである」（Ⅱコリ五17）。このような言葉がそれを示している。ここから振り返ってみると、律法の行に精進していたパウロは実は「生きて」はいなかったのだ。そのときパウロはいわば死者として生きようと努めていたのだ。彼はそれを自覚する。律法主義が死の営みであったことを知る（ローマ七、後述）。それゆえ彼は「私の主イエス・キリストを知ることのあまりの大きさのゆえに

〈他の〉一切を損と思っている」（ピリ三8）とすら語るのである。

パウロは回心＝キリスト顕現＝異邦人のための使徒への召命という出来事のあと、恐らくまずダマスコでキリスト教団に加わったのであろう。パウロがダマスコでアナニアから受洗したという物語はそれを反映しているのであろう（行九10以下。ガラ一17の「再び」に注意）。その後パウロは親族のもとにも帰らず、先輩の使徒に会うためエルサレムに赴くこともせず、アラビア（ダマスコ南東にあるナバタイ王国の荒野のこと）へ行った（ガラ一17）。彼はそこで既に、イエスをキリストと宣べ伝え、キリストを信ずるよう呼びかける伝道を始めたものと思われる。怒ったユダヤ人はパウロを捕えて殺そうとし、ナバタイ国王アレタ四世下の代官をかたらって城門を監視させた。パウロは窓から町の城壁づたいに籠《かご》で吊り下ろしてもらい、ユダヤ人の手を逃れ（Ⅱコリ一一32以下）、再びダマスコに戻った（ガラ一17）。

城壁を籠で吊り下ろしてもらうパウロ

ペテロ訪問

それから三年目、恐らくは三五年頃、パウロはペテロ訪問のためエルサレムへ上り、ペテロのもとに一五日間滞在した（ガラ一18）。そしてイエスの弟ヤコブ——彼もキリスト顕現に接して（Iコリ一五7）、兄イエスを信ずる者となり、ペテロのあと、エルサレム教会の指導者となった——にも会った。しかし他には使徒の誰にも会わなかった（ガラ一18～19）。パウロもキリストを宣べ伝える者として、使徒の代表に会っておく必要があったのであろう。この一五日間にパウロがペテロと何を話したのかは解らない。ひとつ推測できることは、彼は自分に対するキリスト顕現の出来事と、ペテロ達に対するキリスト顕現とが同じ出来事であるかどうか、確かめたのではないだろうか。思うにそれはキリスト宣教のために必要であっただろう。実際、どこかでこれを確認したからこそ、パウロはIコリ一五3以下で、ペテロやヤコブへのキリスト顕現と、自分へのキリスト顕現とを並べて記すことができたのである。また当時既に原始教団で成立していたキリスト宣教の定式（Iコリ一五3～5参照）も、このとき改めて正確に学んだのかも知れない。しかしパウロは彼に対するキリスト顕現の出来事の根源性を主張するのである。つまりパウロがキリストを知る知《ち》は、ペテロ等の場合と同じように根源的なものであって、彼のキリスト宣教は決して他人の言説を単に反復しているのではないと強調するのである。換言すれば、彼は直接キリストに召されて使徒たらしめられたのであって、決してエルサレム教団の指導者によって使徒に任命されたのではない（ガラ一1）。彼の使徒職の根拠・源泉はエルサレム教団の任命や委託ではなく、キリスト御自身の召命にあるのである。パウロは深くこの事実を自覚していた。つまり彼は自分が使徒である根拠また証明としては、キリストが彼に現われたことを自分で証言することしかできないのである。これは裏面からみれば、彼が使徒であることを証明する外的権威ないし目にみえる手段は何もないということである。エルサレム教会に属してもいず、イエスの直弟子でもなかったパウロには、教会の認可や証明という後楯《うしろだて》は何もない。見方によっては彼は勝手に使徒を自称しているのである。「パウロは事実キリストの顕現に接してキリストに召されたのだ」と認める者だけが、彼の使徒職の真正性をも承認しうるのである。特に彼の名声や評価がまだ一般に確立していなかったときは、彼が真正の使徒であるかどうか、その資格を疑われることにならざるをえなかったのだ。

シリア、キリキアへ

エルサレム訪問の後、パウロはシリア（アンティオキア?）とキリキア（タルソ?）の地方へ行った（ガラ一21）。彼はここで既に伝道をしたのかも知れないが、これはふつう彼の伝道旅行には数えない。行伝によると、当時パウロはその故郷、キリキアのタルソへ帰っていたが、キプロス島生まれのレビ人でエルサレム教会の有力信徒であったバルナバが、パウロをタルソからシリアのアンティオキアへ連れてゆき、ともども教化に携わったという（行一一25～26）。つまりパウロの証言（シリアとキリキア）と行伝の記事（キリキアとシリア）とでは順序が逆である。パウロはここで時間的な順序を無視して書いたのかも知れない。いずれにせよ、これ以後シリアのアンティオキアは、パウロの異邦伝道の根拠地となるのである。またルカは、キリストを信ずる者達がクリスチャンと呼ばれるようになったのは、アンティオキアが最初であったという（行一一26）。これはキリストを信じる者達はユダヤ教徒とは違うという、自他の認識の深まりに対応するとみてよいであろう。

第一回伝道旅行と使徒会議

小アジア南部へ

第一回のエルサレム訪問から一四年目（ガラ二1。恐らく四九年頃）、パウロは再びエルサレムに上った。いわゆる「使徒会議」に出席するためであった。その間パウロがどこで何をしていたか、パウロ自身は何も書いていない。しかしルカは、パウロがこの間にいわゆる第一回伝道旅行を行なったことを記している（行一三～一四）。ただしここで第一回というのは、行伝に記されている限りでは第一回目ということにすぎない（以下同様）。パウロ自身がそれに何も触れていないからといって、この伝道旅行全体の史実性を否定したり、それを使徒会議のあとに置いたりするのは行き過ぎであるように思われる。というのは、前述のように、四九年頃パウロは再度エルサレムへ上ったのだが、それは異邦人キリスト者をどう扱うかという問題を処理するためであり、このような問題が起きたのは、アンティオキア教団が意図的組織的な異邦伝道を行なったためだと思われるからである。さて第一回伝道旅行の足跡を辿《たど》ると、行伝の記事によればパウロはバルナバとともにアンティオキアを出発、海岸に出て舟に乗り、キプロス島に寄り、小アジア南部のペルゲーに上陸した。彼等はマルコを伴っていたが、マルコはここからエルサレムに帰っ

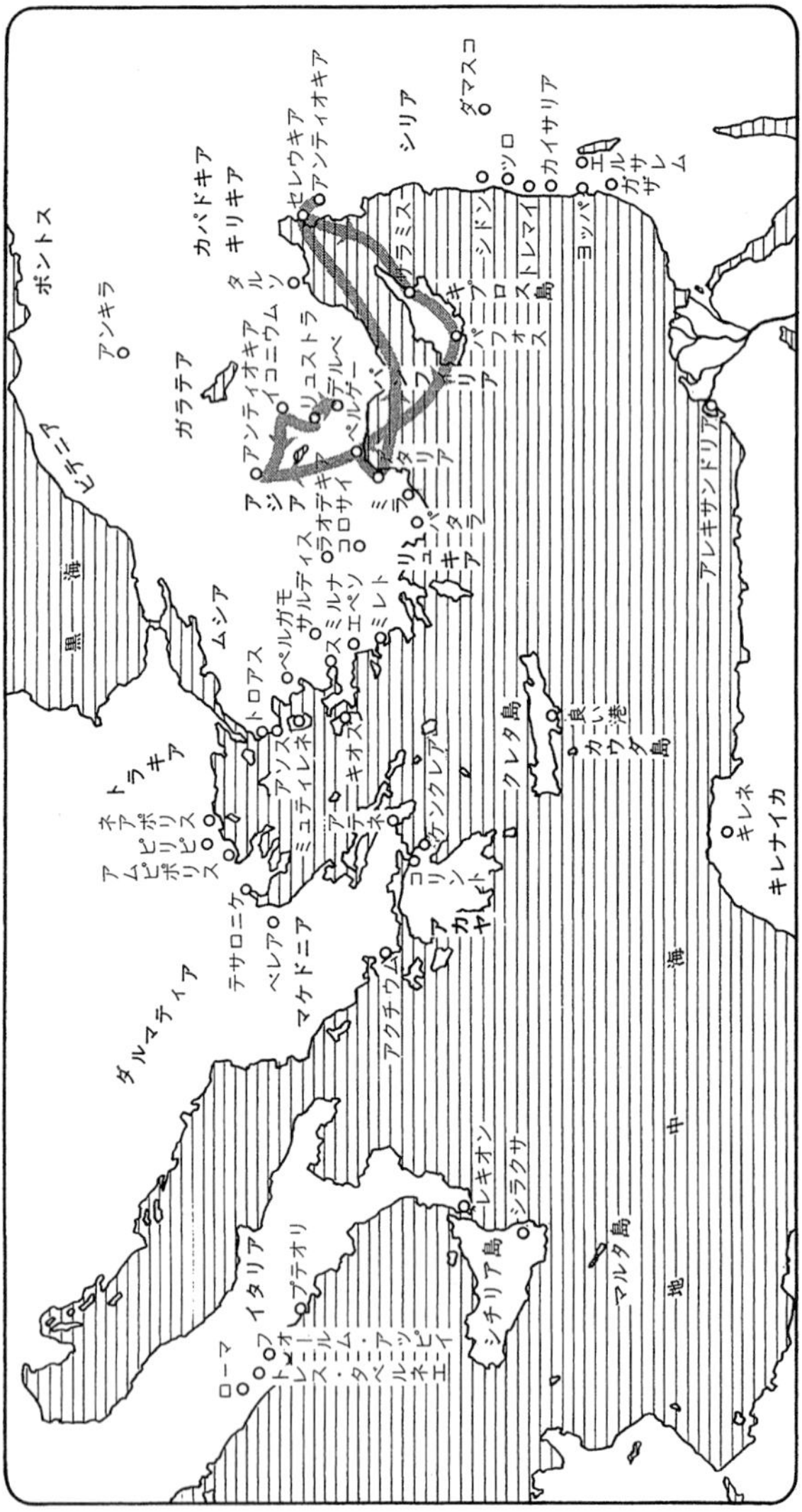
ポントス
アンキラ
カパドキア
キリキア
タルソ
セレウキア
アンティオキア
シリア
ダマスコ
ツロ
シドン
カイサリア
トレマイ
エルサレム
ガザ
ヨッパ
サラミス
キプロス島
パポス
ガラテア
ビテニア
アンティオキア
イコニウム
ルステラ
デルベ
ペルゲ
アタリア
黒海
ムシア
ペルガモ
サルディス
スミルナ
エペソ
ミレト
ラオデキア
コロサイ
アジア
ミラ
パタラ
トロアス
アソス
ミティレネ
キオス
トラキア
ネアポリス
ピリピ
アムピポリス
テサロニケ
ベレア
マケドニア
ダルマティア
アテネ
ケンクレア
コリント
アカヤ
アクチウム
クレタ島
良い港
カウダ島
キレネ
キレナイカ
アレキサンドリア
地中海
レギオン
シラクサ
シチリア島
マルタ島
イタリア
プテオリ
ローマ

第一回伝道旅行

てしまった。パウロとバルナバはピシディアのアンティオキアに赴き、さらに小アジア南部諸都市で伝道した。ここはローマの行政区画上からはガラテア州と呼ばれていたところで、この名称は『ガラテア人への手紙』の宛先はどこかという問題とからんでくる。多分に聖者伝説的なルカの叙述によると、パウロはキプロス島のパフォスで伝道の邪魔をした魔術師を打ち負かし、諸都市で演説し、リュストラでは足なえを癒《いや》したので、バルナバとパウロはギリシアの神々ゼウスとヘルメスに間違えられてしまった。さてここに描かれているパウロの伝道の仕方はというと、広場などでいきなり異邦人にキリストを宣べ伝えることはしない。安息日にユダヤ教徒の会堂《シナゴグ》に行き、まず集まっているユダヤ人に語りかけるのである。ユダヤ教の伝統や、その中心にある旧約聖書を全く知らない人にとっては、ユダヤ教の考え方を前提とし、キリストの贖罪や復活の証言を中心とするキリスト宣教は、理解のしようがなかったためであろう（もっともルカはパウロに、もっぱら異邦人向けのキリスト教をも語らせている。行一四15～17、一七22～31参照。これはルカの創作か、あるいはルカ当時の異邦人向け伝道説教を示すものであろう）。

　しかしパウロの説教を聞くと、ユダヤ人はキリストを信ずるどころか、多くの場合それを拒否するのである。福音を受け容れるのは「神を畏《おそ》れる者」（行一三16等。「神を敬う者」とも訳す）達なのである。これは異邦人でありながらユダヤ教に惹《ひ》かれ、しかしユダヤ教に改宗はしないまま、会堂《シナゴグ》に集まる人達である。彼等は唯一の神や律法や預言のような、キリスト宣教を真剣に受け止めるために必要な予備知識を持ってはいたが、ユダヤ人のように律法主義に固執してはいなかったのであろう。行伝の記述はいたるところで右の型《パターン》を繰り返す。すなわちパウロは町々で懲《こ》りもせず会堂に出かけ、そのたびにユダヤ人に拒否され、追い出され、まるでそれがはじめての経験であるかのように、「それでは自分達は異邦人のところに行く」と宣言するのである（行一三44〜47参照）。したがってこの型は、何故キリスト教がユダヤ人にではなく異邦人に伝わったかというルカの見解を示しているのだと思われる。しかしそこには史実が反映していると考えてもよいだろう。即ち最初にキリスト者となった異邦人には、やはり「神を畏れる者」が多かったのであろう。

異邦人キリスト者と律法への義務

さて前述のように、パウロは第一回伝道旅行のあと、恐らく四九年頃、バルナバとともに再度エルサレムを訪問した。パウロ自身の証言（ガラ二1〜10）によると、キリスト教団の一部にパウロの異邦伝道と宣教内容に反対が生じたので、エルサレム教団の指導者達（ヤコブ・ペテロ・ヨハネ）に彼が宣べ伝える福音を示し、了承をえるためであった。問題の中心は、キリスト教に改宗した異邦人に対して「割礼《かつれい》」を施すかどうか、ということであった（ガラ二3、7。行一五1参照）。

割礼とは、男性性器の包皮を切除する儀礼で、それは旧約聖書によれば神が族長アブラハムに命じたものであり、イスラエル人が神ヤハウェとの契約共同体に属することを示す徴《しるし》であった。割礼を受けない者は「民のうちから断たれ」るのである（創世記一七9〜14）。前述のように、イスラエルの民の救済の根拠は神ヤハウェと結んだ契約にあった。だから割礼は、救済の根拠がその契約にあることを認める徴であり、また、契約関係にある以上、律法全体へと義務づけられている（ガラ五3参照）ことを認める徴でもあった。さてユダヤ人の男子は生後八日目に割礼を受ける習いであった。異邦人が異教からユダヤ教に改宗した場合には、洗礼を受け割礼を施され、律法全体へと義務づけられた。つまりこうして改宗者は契約共同体の一員となるわけで、そうでなくてはユダヤ教徒とは認められないのである。エルサレムの原始キリスト教団内部でも、右のことに準じて、異邦人キリスト者は割礼を受けて律法を守るべきだという主張があったのであろう。しかしパウロの福音は、救済の根拠はイエス・キリストの死・復活であり、人は律法の行《ぎょう》によってではなく、信仰によって神との正しく平和な関係に入るということである。パウロの福音は律法からの自由を含んでいた。救済のために、割礼は不必要なのであった。

　パウロに対して異論を唱えた人達が誰であったか、さだかではない。いずれにしても彼等はキリスト者でありながらなお律法主義の枠内にあった。イエス・キリストの贖罪を恵みとして受容しながら、罪が赦されたのだからなおのこと一層律法の行に励むべきだと考えたのであろう。すると彼等の考えの根本には、救済の根拠は神とイスラエルの民の契約であり、人はこの契約共同体に加入して律法生活を営まなくては救いに与《あずか》れない、という理解があったことになる。これはパウロの福音とは全く違う。パウロの場合、救済の根拠はキリストである。もっともパウロはユダヤ教の伝統を何もかも否定してしまうのではない。パウロといえども、契約という事柄自身を否定しはしない。彼の主張は、イスラエルの民に対する神の約束はイエス・キリストにおいて成就した、この約束はもともと律法以前に与えられたものであって、ゆえに人がこの約束に与るかどうかは、彼が律法を守るかどうかには依存しない、ということになるのである（ガラ三15以下）。つまりパウロは契約ということ一般を否定してしまうのではなく、神との契約は本来イエス・キリストと彼を信ずる者にかかわるものだ、と言うのである。だから彼によるとキリストを信ずる者が救いに与るのだ。いささか強引すぎるこの主張の背後には、キリストへの信仰による新生の体験があり、こうして超越者の働きに与っているという宗教的自覚がある。現代の私達は、パウロの理屈ではなく、律法主義者のもとにはないものが信仰のもとにあるという事実と、その自覚とを重んずるべきであろう。

すなわち問題は救済の根拠と内容が何かということにかかわるのである。だからパウロはここで譲ることはできなかったのだ。性器の包皮など切除しようとするまいと、どうでもいいではないかで済ますわけにはゆかなかったのだ。事実、もし反対者の主張が通れば、キリスト教はユダヤ教の一分派にすぎない。しかしパウロが正しければ、キリスト教は、救済の根拠と内容とをユダヤ教とは異にするのであり、すると事実、ユダヤ教とは異なった宗教なのである。両者は同じ神に仕えながら、神との正しい関係に入る根拠、道、または内容について、見解を異にし、対立するのである。この意味で、パウロの主張が通るか通らないかは、実に、当時は小さなグループであったキリスト教が立つか倒れるか、つまりキリスト教の運命にかかわっていたのだ。

エルサレム教会との協定

パウロの証言によると、エルサレム教会の指導者達はパウロに理解を示した。パウロが伴ったギリシア人テトスも割礼を強いられなかった（ガラ二3）。彼等とてイエス・キリストの贖罪死と復活を信じ、「キリスト顕現」に接していた（つまり新生を体験していた）のだから、それは当然である。しかし彼等は福音の本質をパウロほど徹底して理解してはいなかったようである。つまりユダヤ教の枠を抜け切ることができなかったのだ。ルカは右の問題をめぐる教会会議の経過と、そこでの決定を描いているが（行一五）、これは史実の報告とは思えない。行伝ではパウロのエルサレム訪問は三回目だし（行九26以下、一一30以下）、会議の主導権を握っているのは、既に自ら異邦人を回心させたペテロ（行一〇）と、議長格のヤコブである。パウロは異邦伝道の結果を報告するにすぎない（行一五4）。パウロ自身は彼の福音にエルサレム教会から何の制限も加えられなかったと言っているのに（ガラ二6）、ルカの記述では、会議の結果、異邦人キリスト者に対してある祭儀的・倫理的義務が課せられている（いわゆる使徒回章、行一五19以下）。しかもこの一件は、パウロの手紙に全然反映していない。さらに行伝二一25では、パウロはヤコブからこの回章のことをはじめて聞き及んだかのように書いてある。つまり回章に関するルカの見解も混乱している。

ルカは行伝において、教会の歩みを神の意志の実現と理解し、またすべてがエルサレムを中心とする全教会の合意のもとに運ばれた次第を描き出すのだ。彼はこの観点から、使徒会議という出来事を作り出した。しかも慎重にも、その前に異邦人コルネリオが天使のお告げとペテロの指導のもとにキリスト教に改宗したという設定にしている。これは異邦人キリスト者の受容を、パウロとは独立に、エルサレム教団の側で可能にした出来事であった（行一一）。しかしパウロ自身の証言（ガラ二1〜10）によると、パウロとエルサレムの指導者達との間には、彼等だけの話し合いの結果、一応の合意が成立したにすぎなかったのだ。それは、福音の本質を明確にした結果、異邦人キリスト者受容に関する原則を確立したというより、むしろ妥協に近いものであった。すなわちパウロとバルナバは異邦人に割礼無用の福音を宣べ伝え、ペテロ達は割礼あるユダヤ人にキリストを告知する、という協定であった。これは一応の申し合わせであって、なんら原則の確認ではないから、やがて破綻《はたん》してしまう。もし同じ教会にユダヤ人と異邦人が混在していたらどうなるのか。実際、ペテロがアンティオキア教会を訪れた折、はじめは異邦人キリスト者と食卓をともにしていたのに、ヤコブのもとからある人達が来るに及んで、ペテロは、さらにあろうことかバルナバまで、異邦人との交わりから身をひいてしまった（ガラ二11〜13）。そこでパウロはペテロを衆人の面前で非難することになる。「あなたはユダヤ人でありながら、かつての私のように正式に律法を学ぶこともなく、ゆえにいまだにユダヤ人にふさわしくない、まるで異邦人のような生活をしているくせに、なぜ異邦人にユダヤ人の生き方を強制するのだ」（ガラ二14）。これはいわばパウロの優越感まる出しの侮辱である。こんなことを言い出したらパウロは孤立してしまいかねない。パウロはイエスの直弟子の筆頭たるべきペテロにこのような面罵《めんば》をあえてしてまで、福音による、律法からの自由を守ろうとしたのであった。

第二回伝道旅行

マケドニアへ　行伝は、こののちすぐパウロが第二回伝道旅行を行なったことを記している（行一五36～一八22）。この旅行ではパウロはバルナバと行動をともにしなかった。それは、第一回伝道旅行で途中から帰ってしまったマルコを連れてゆくかどうかで、ふたりの間に対立が起こったからだという（行一五37～40）。しかしここには前述のアンティオキアでの事件が尾を曳《ひ》いていたのかも知れない。パウロはシラスを伴って出発し、一回目の旅行で伝道した小アジア南部諸都市を再訪して教会を力づけた。リュストラでは、ギリシア人とユダヤ婦人との混血の子テモテが同行することになった。パウロはユダヤ人の手前、彼に割礼を受けさせたという（行一六3）が、この記事は「テトスはエルサレムで割礼を強制されなかった」というパウロの証言（ガラ二3）を考えあわせると、すこぶるおかしい。

『ガラテア人への手紙』　パウロはその後フリギア、ガラテアの地方を通った。ここでの「ガラテア」とは、ローマの州名ではない。前四世紀にこの地に移住し、前三世

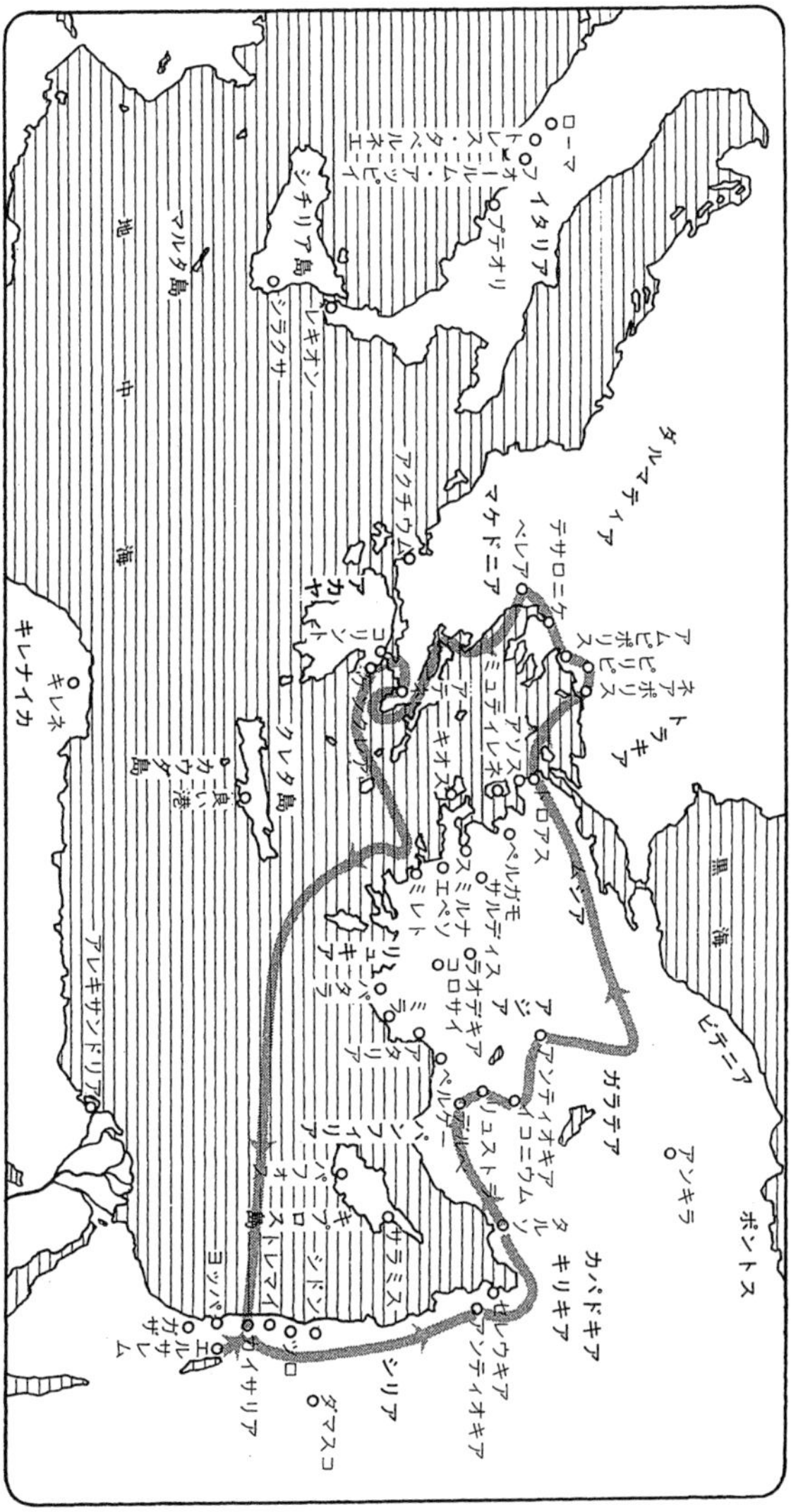
ローマ
イタリア
プテオリ
シチリア島
シラクサ
レギオン
マルタ島
地中海
ダルマティア
マケドニア
アクチウム
テサロニケ
ベレア
アムピポリス
ネアポリス
ピリピ
トラキア
アカヤ
コリント
アテネ
クレタ島
良い港
カウダ島
キレネ
キレナイカ
アレキサンドリア
トロアス
アソス
ミテレネ
キオス
ペルガモ
サルディス
スミルナ
エペソ
ミレト
アジア
ラオデキア
コロサイ
パタラ
ミラ
アタリア
ペルガ
アンテオキア
イコニウム
ルステラ
デルベ
ガラテア
アンキラ
ビテニア
黒海
ポントス
カパドキア
キリキア
タルソ
セレウキア
アンテオキア
シリア
ダマスコ
サラミス
パポス
シドン
プトレマイ
カイサリア
ヨッパ
エルサレム

第二回伝道旅行

紀には一時ギリシアにまで達したケルト人の名称にちなんで、そう呼ばれていたのである。つまり「ガラテア」というとき、ローマの行政区画上のガラテア州（小アジア南部、南ガラテアという）のことか、あるいはケルト人居住区域（北ガラテアという）のことか、ふたつの場合が考えられるわけである。北ガラテアは小アジア奥地の高原地帯で、どこまでギリシア語が通じたか疑問であり、アンキラなどのほかには都市も少ない。ルカもパウロがこの地で伝道し、その結果教会が設立されたとは書いていない。以上のことはやはり『ガラテア人への手紙』の宛先がどこかという問題とからんでくるのである。さてガラテア人への手紙の宛先が南ガラテアであれば、その執筆の事情および時期は以下のように考えられる。パウロは第二回伝道旅行の途上、ガラテアの諸教会を訪れ、マケドニアからギリシアに向かう。ところがさきに述べたパウロとエルサレム教会の協定に不満を抱く保守派の人達があり、パウロがガラテアを出発したあと、教会に入り込み、旧約聖書を盾として、異邦人キリスト者も割礼を受けて律法を守らなければ救いに与れないと説いた。彼等はこの際に、パウロの福音はエルサレム教会の教え（イエスの直弟子や兄弟の教え）とは違うものだ、とも言ったようである。それを聞いて教会は動揺し、福音に基づく律法からの自由を放棄する者が出た。パウロは伝道旅行中、恐らくギリシアから――するとそれは四九年頃のこととなる――『ガラテア人への手紙』を書いて、律法主義へと転落したガラテアのキリスト者を責め、福音の本質を宣明した。

それに対して、もし『ガラテア人への手紙』の宛先が北ガラテアなら、パウロは第三回伝道旅行の途上、恐らくはエペソから、この書簡を書いたことになる。というのは、「私が最初あなた方に福音を伝えたとき」（ガラ四13）の「最初」とは、再度に対する第一回目のことと読めるのである。すると『ガラテア人への手紙』を書くまでにパウロは北ガラテアを二度訪問したことになるから、これは第三回伝道旅行で再度ガラテアを訪れた（行一六6、一八23）あと、と考えられる。すると執筆場所はエペソ、時は五二～五四年頃と推定される。北ガラテア説をとると、行一六6（これはパウロの病気のことであろう）とガラ四13が符合する。南ガラテア説と北ガラテア説のどちらが正しいか、細かい議論があって、決定は困難である。ここでは一応南ガラテア説をとっておく。というのはやはりケルト人居住区域でどこまでパウロのギリシア語が通じたか、また果たして人々が旧約聖書的伝統を前提とするパウロの説教を理解することができたかが問題で、この点で南ガラテア説のほうが有利に思えるからである。

『ガラテア人への手紙』は烈しい調子である。「ガラテア人の馬鹿」という口調すらある（三1）。そんなに割礼をすすめる人は、いっそ自分のものを根元から切り取ってしまうがよかろうとまで言う（五12）。この書簡でパウロは、彼の福音が直接キリストから托されたものであって、その正しさは、パウロがエルサレム教会とどういう関係にあるかには依存しない、と主張する（一章）。しかもエルサレム教会の指導者は、パウロの福音を異邦人向けのものとして認めたのである（二章）。そもそも救いにかかわる神の約束は律法以前に与えられたものであって、律法の行に左右されるものではない。それどころか、約束の相手は実にキリストなのである。アブラハムはその信仰を義と認められたが、私達は、キリストが現われたいまの状況では、まさにキリストを信ずる信仰によって義とされるのである。律法はキリスト出現の時までの養育掛にすぎない（三章）。もし割礼を受けるなら律法全体を守る義務が生ずるので、これでは決してキリストの恵みに与ることはできない。大切なのはキリストを信じ、キリストにおいて新しく創りかえられることであり、こうして新しい生命に生きることなのである（五〜六章）。このようにパウロは、決して長くはないこの書簡において、キリスト教の中心をこの上もなく明確に言い表わしたのである。『ローマ人への手紙』とともに、パウロの中心思想、というより福音そのものを端的に示すものといわれる所以《ゆえん》である。

マケドニアから ギリシアへ　さてパウロはムシアを通って小アジア西海岸のトロアスに着いた。ルカはここでパウロが幻を見たという。ひとりのマケドニア人がパウロにマケドニアに来るよう懇願する幻である（行一六9）。つまりルカの見解によれば、いまや福音が小アジアからヨーロッパに伝えられるのは神の御意《みこころ》だったのである。パウロのマケドニア滞在は短期間であったが、以下に記すように、成果は大きかった。行一六11〜15にはいわゆる「我々記事」が現われる。ここで記述の主語が一人称複数になるのである。だからこの部分にはルカ自身が居合わせたのだという説があるが、ルカはここで「我々」を主語として書かれた史料（旅行メモのような）を用いているだけのことかも知れない。したがってこの部分の史的正確さをあまり強調しすぎないほうがよかろう。いずれにせよパウロはトロアスから出航、サモトラケ島を経由してマケドニアのネアポリスに着き、さらにネアポリスを経てピリピに行った。

ピリピはアレキサンダー大王の父フィリッポスが建設した町である。前四二年にはオクタヴィアヌスとアントニウスがブルートゥスとカッシウスをこの地で破り、この町をローマ植民都市とした。この地方第一の都会である。パウロはここで投獄され、不思議な出来事（地震が起こり、獄の戸が開き、囚人の鎖が落ちる）のため釈放されるが、この記事は行伝十二1以下のペテロの投獄と釈放の物語と同じ型を示している。ルカは行伝の中でペテロとパウロを優劣なく描こうとしているようである。もっともパウロはペテロと違い、ピリピでローマ市民権を持ち出して役人を恐れ入らせている（行一六37）。

出獄したパウロ一行はアムピポリス、アポロニアを通ってテサロニケに行った。テサロニケでの伝道は成功するが、怒ったユダヤ人が、パウロはイエスという王を立てて反ローマ的行動を企んでいると誣告《ぶこく》した。それでパウロとシラスは夜中に町を出てベレアに赴き、ここでも伝道を行なって成果を収めた。するとそれを聞いたテサロニケのユダヤ人が押しかけて来たので、パウロは町を出てアテネに到り、シラスとテモテはベレアに残った。

テサロニケ（今のサロニキ）

『テサロニケ人への第一の手紙』

一般にこの状況を背景にして『テサロニケ人への第一の手紙』が書かれたと考えられている（Iテサ三1以下参照。二2、14も参考になる）。すなわちテモテはベレアを去って一旦はパウロに追いついたが、そこでテサロニケ教会の様子を案ずるパウロに頼まれてテサロニケへ様子を見に行き、よろこばしい報知を携えて（Iテサ三6以下）、既にコリントにいたパウロの許に帰って来た。そこでパウロは『テサロニケ人への第一の手紙』を書いたというわけである。書簡の発信人はパウロ、シルワノ、テモテである（Iテサ一1）。シルワノはシラスと同一人物で、「シルワノ」はシラスのラテン名であると思われる。この書簡するとこの書簡が書かれたのは五〇年頃であろう。この書簡では特に終末のことが問題になっている（四13～五11）。世の終わりは思いがけないときに突如としてやってくる。だから光の子であるキリスト者は、いつ終末が来てもいいように、信仰に歩み、心の備えをしておこう。そして落ち着いて毎日

アテネのアクロポリス

を真面目に働いて暮らそう、とすすめる。テサロニケ教会の人達は、終末到来の前に死んだ信徒はどうなるのか、その人達は神の国に入れないのではないかと問題を感じて、パウロに質問したようである。パウロはそれに対して、キリスト来臨のときにはまず死んだ信徒が甦る。生きてキリストを迎える信徒は彼等と一緒に天に引き上げられてキリストに会う。だから終末前に死ぬ人達の心配をする必要はない、と慰めを語るのである。

アテネからコリントへ

さて叙述は前後するが、パウロはコリントに着く前にギリシア古典文化の中心地アテネにいたわけである。これはルカの考えによれば、パウロの生涯における一大事件であった。アテネで哲学者と論じ、古典文化の中心地でキリストの福音を告知する！　こうしてルカはパウロをアレオパゴスに立たせる。これはパルテノン神殿を望む丘、最高裁判所の所在地であった。パウロはここで「アレオパゴスの説教」をする（行一七22〜31）。しかしその内容はストア哲学風の神観とルカの神学を結びつけたものである。すなわちルカによる、ギリシア人のためのキリスト宣教の典型なのである。

パウロの伝道はアテネでは成果をあげなかった。一般に伝統的文化の中心地は新しいものを受け入れない。エルサレムもそうであり、アテネも同様であった。そこでパウロはコリントに行く。サラミスの戦いで死んだコリント人の碑銘には「良い水のコリント」とある。他方「コリントする」という動詞は不品行を意味するような町であった。

コリントでパウロは有力な教会を作ることに成功したらしい。一年半もここに滞在している（行一八11）。パウロはこの町でアクラとプリスキラというユダヤ人夫妻に会うが、夫妻はクラウディウス帝（在位四一年〜五四年）のユダヤ人追放令のためローマを離れたのである。この勅令はスエトニウスの『皇帝伝』に記されているが、「（帝は）クレストゥスなる煽動者《せんどうしゃ》のため絶えず騒ぎを起こすユダヤ人達をローマから追放した」（「クラウディウス伝」二五4）とある。もしこの「騒ぎ」がローマにおいてキリスト者とユダヤ教徒が衝突したことであるならば、ローマ側は事情が解らないため、「キリスト」をローマ名クレストゥスなる人間と聞き違え、このクレストゥスが騒ぎの張本人であると思ったのであろう。このユダヤ人追放令は、パウロがコリントに在住した年代を知る大まかな手懸りとなる。

コリント

パウロの年代決定

しかし年代決定にもっと正確な手懸りを与えるのは、コリントのユダヤ人がパウロをつかまえて法廷につき出したとき、ガリオがアカヤ州の総督であったという記事である（行一八12）。ガリオは哲学者セネカの兄であり、アカヤ州——ギリシアはローマ領へ編入されたのちローマの州となり、南部はアカヤ州と呼ばれた——の総督となった。その年代が碑文から推定される。というのは二〇世紀はじめ、クラウディウス帝がデルフィの町に宛てた書簡を刻んだ石碑が発見されたが、そこで帝はガリオのことを「我が友にしてアカヤの総督」と呼んでいるのである。同じ書簡には帝が第二六回の歓呼《アクラマチオン》を受けたことが記されている。ところで五二年八月一日に帝が第二七回の歓呼を受けたことが解っているので、ここからして書簡の年代、したがってガリオの総督在任の時代が推定できるわけである。すなわち、皇帝としての歓呼は年一回が通例で、ゆえに第二六回のそれは、五一年後半である。他方、総督在任期間は一年である。総督就任は通常初夏であった。一応それを七月とすると、ガリオ在任期間は、帝が五一年後半における第二六回歓呼を受けた時を含む一年間であるから、五一年七月〜五二年六月と考えられる。さてユダヤ人がパウロを訴えたとすれば、これは総督着任の機会を狙ったと推定できるから、それは五一年夏のことだと思われる（しかし以上の推定が唯一の可能性ではないからここで約一年の誤差がありうるわけである）。するとパウロがコリントへ着いたのは――前述のように彼はそのときまでに既に一年半コリントにいたのだから――五〇年の初めである。これはパウロが、恐らく四〇年代の末にローマを去ったアクラ、プリスキラ夫妻にコリントで会ったこととも合う。こうして私達はパウロのコリント着を一応五〇年初めとみなし、これを出発点として、パウロ自身の証言、また行伝の記事と照らし合わせながら、パウロの年代を推定するのである。行伝には時の記述が少なくない。一七2（三週間）、一八11（一年半）、一九8（三ヶ月）、一九10（二年）、二〇3（三ヶ月）、二〇31（三年間）、二一27以下（七日間）、二八30以下（満二年）、等である。一見して三の倍数が多いのに気付く。つまりこの記述は大凡《おおよそ》のものとみるべきである。以上のようなわけで、行伝の記事の正確さも問題だから、年代推定に一〜二年の誤差がありうることは止むをえないわけである。しかし、古代の人物のうち、とにかくこれだけの精度で年代推定が可能な人物は決して多くはない。

アンティオキアへ帰る

ガリオは、ユダヤ人がパウロを訴えたとき、それはユダヤ人だけの宗教問題だからといって取り上げなかったという(行一八12以下)。その後しばらくしてパウロはコリントを出発し、アクラ、プリスキラを伴ってエペソへ行った。その前にパウロがコリントの南東のケンクレアで頭を剃《そ》ったという記事がある(行一八18)。それが事実なら、パウロはナジルの誓い(民数記六1以下参照)を立てていたのであろう。その間は一定の飲食物を断ち、剃刀《かみそり》を頭に当ててはならない。その期間が終わったからパウロは頭を剃ったのであろう。また誓いの期間が満ちると神殿に献物をしなくてはならない(民数記六13以下)。すなわちパウロはエルサレムへ行かなくてはならなくなるわけである。そのためだろうか、パウロはエペソには長くとどまらず、舟出してカイサリアを経てエルサレムへ急ぎ、アンティオキアへ帰着する。

第三回伝道旅行

エペソでの活動

それから間もなくパウロは第三回伝道旅行に出る。五二年頃のことであろう。ガラテア、フリギアの地を歴訪して西に向かい、陸路小アジア西海岸のエペソに到った。ここはシリアのアンティオキアと同様、彼の伝道根拠地となった。福音の種はここから四囲に拡がってゆくのである。彼はエペソに三年ほどとどまって（行一九8、10、行二〇31）、会堂《シナゴグ》で説教し、ユダヤ人のもとを去った後はテュラノスなる者の講堂で毎日論じたという（行一八9）。彼がエペソにいたのは五二年～五五年頃のことであったろう。彼はエペソで投獄されたようである。Ⅰコリ一五32には「エペソで獣と闘った」とある。「獣」とはパウロの敵対者のことであるか――とすれば彼はエペソで官憲と衝突したのであろう――もしそうでないなら、彼はあやうくほんとうに獣と闘わされるところだったと読める。つまり有罪となれば獣と闘う刑に処せられるような罪（叛乱罪であろう）で訴えられ、しかし処刑は免れたのであろう。いずれにしてもパウロは刑事事件で訴えられたことになろう。

パウロがエペソで投獄されていたとすると、獄中から書かれたいわゆる獄中書簡（『ピリピ人への

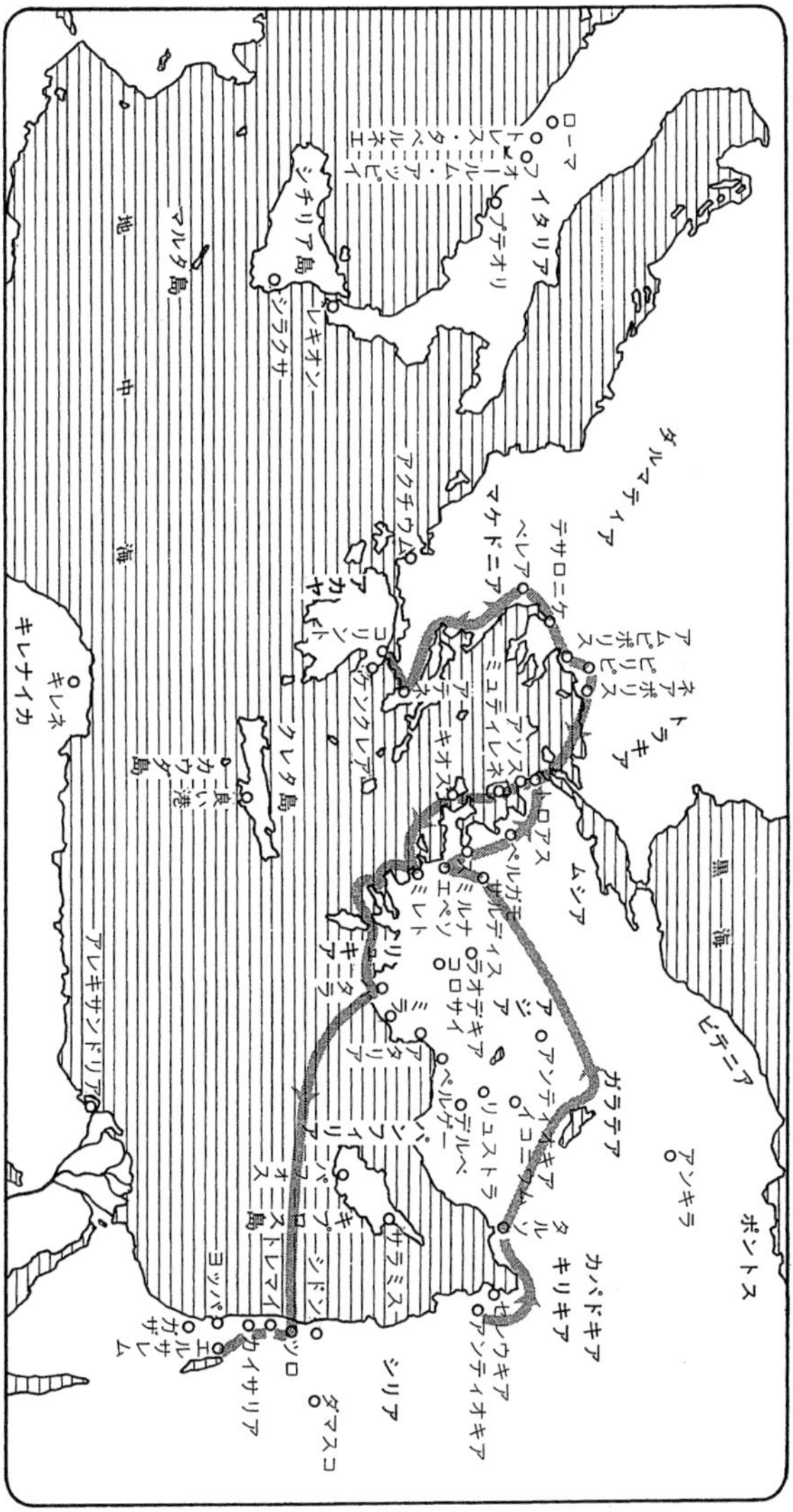
ローマ
イタリア
プテオリ
シチリア島
シラクサ
レギオン
マルタ島
地中海
ダルマティア
マケドニア
ベレア
テサロニケ
アクチウム
コリント
ケンクレア
アムピポリス
ネアポリス
トラキア
ピリピ
アテネ
クレタ島
キレネ
キレナイカ
トロアス
ムシア
ペルガモ
サルディス
スミルナ
エペソ
ミレト
アジア
黒海
ビテニア
ポントス
アンキラ
ガラテア
カパドキア
キリキア
タルソ
セレウキア
アンテオキア
シリア
ダマスコ
キプロス島
サラミス
パポス
シドン
ツロ
トレマイ
カイサリア
エルサレム
ヨッパ
ガザ
アレキサンドリア

第三回伝道旅行

ローマ時代の奴隷 手かせをはめられている。

手紙』、『ピレモンへの手紙』）はエペソから書かれたものと思われる。また『コリント人への第一の手紙』、同『第二の手紙』もエペソから書き送られたと思われる。簡単にこれらの手紙の内容をみておこう。

ピリピへの手紙

パウロはエペソからマケドニアのピリピにある教会に手紙を書いた。ピリピからエパフロデトが贈物を携えてパウロを訪れ、大病になり、それを伝え聞いてピリピ教会の人達が心配をしている。パウロは全快したエパフロデトをピリピへ送り返す。その際書いた書簡である。パウロはやがてはテモテを派遣し、それから自分自身もピリピ教会を訪れるつもりだと言う（二19〜24）。

それからパウロは「律法と割礼を誇る犬ども」を攻撃する。これはすなわち神とイスラエルの旧《ふる》い契約に救済の根拠を見、契約共同体に属していることに誇り頼む輩、つまりはキリストの十字架を無視する者である。パウロは、律法の行にかけては自分は彼等に全然劣らない。しかし自分はイエス・キリストを知ったいま、かつて頼み誇っていたすべてを糞土のように思う。人は律法によらず信仰によって神から義とされるからだ、と激しい調子で「犬ども」を批判し福音の正しさを弁証する(三1～四1)。さらにパウロは自分の腹を神とし、地上のことを思って恥ずべきことを行なう輩を攻撃する(三17～21)。以上の部分は一～二章、四章と全く調子が違う。また律法主義的キリスト教や放縦主義がピリピ教会を混乱させたという報告を、私達は持っていない。それで右の部分は元来全く別の手紙であったのに、ここに編入されたのだという説がある。これは正しいであろう。第四章(2節以下)も同様に考える説があるが、決定はむずかしい。

『ピレモンへの手紙』

『ピレモンへの手紙』は他と違って教会宛ではなく個人宛である。奴隷オネシモが主人ピレモンのところから逃亡した。そしてパウロに会った。獄中のパウロはオネシモを信仰に導いた。パウロはオネシモを自分のところに留めておきたいと思うが、ピレモンの許しなしにそれをすることを望まず、あえてオネシモをピレモンのもとに送り返す。当時逃亡奴隷は手ひどく扱われたので、パウロはピレモン宛に手紙を書く。いまやオネシモはキリストにある兄弟なのだから、それにふさわしく愛を以て受け容れてくれ、オネシモは以前は役に立たぬ者であったが、いまや有益な人間である、もし彼に負債があれば自分が返済する、と言う。パウロはなるほど奴隷制自体に反対してはいない。この点で現代、パウロを非難する人には相当の理由がある。しかし民族や性や身分の差別を超え、あらゆる人がそこで事実兄弟である場所をパウロが見出し、証ししたことを私達は忘れてはなるまい。

『コリント人への第一の手紙』

またパウロはエペソにいる間にコリント教会の状況について報告を受けた。憂慮すべき事態があったようである。またさまざまな問題について意見や指示を求められて手紙を書いた。その手紙が全部残っているわけではない。たとえば『コリント人への第一の手紙』の前にも書簡を書き送った形跡がある（Iコリ五9参照）。

さてパウロがコリント教会を設立したとき、教会には下層階級の人が多かった（Iコリ一26）。しかしその後、教会には比較的富裕でもありまた知識階級に属する人達が加わった。そして恐らくは教会の外から来た人達の考え方に影響されて、甚だ一面的なキリスト理解を持つようになり、それが彼等の生き方にまで反映してきたのである。

彼等の考え方は「何をやっても差支えない」（Iコリ六12、一〇23）、「死んだ人が復活するなどということはない」（Iコリ一五12）という言葉に集約されている。彼等は恐らくは、イエスの十字架が人の罪のための贖いだという信仰を愚かなことだと嘲笑したのである（Iコリ一18〜25、二1〜2）。パウロはこのような考え方のグループが起ったことを知り、これと対決を迫られて、『コリント人への第一の手紙』を書いたのである。

パウロの論敵1

右のような考え方の系譜は事実原始キリスト教内部にあったのである。たとえば『ヨハネ福音書』に典型的に現われているようなキリスト理解においては、十字架は贖罪の意味を持たず、人は信じたときに既に死から生へと移ってしまったのであり、復活は将来に待望されるものではない。また信仰において人は律法からの全《まった》き自由を持っている(後述)。

しかしパウロが対決した相手は――パウロ自身彼等の考え方をどこまで正確に理解したかは問題だが――、『ヨハネ福音書』と考え方を全く同じくした人達だとも思えない。というのはパウロの相手は、倫理的放縦主義に陥ってゆくのである。すなわち、教会の秩序を尊重せず(Iコリ一二1以下)、性的不品行を行なった(Iコリ五1、七1以下参照)。それは彼等が「霊の人」であり、この世界の秩序に束縛されないと感じていたからであろう(Iコリ二参照)。

するとこの人びとはいわゆる熱狂主義に陥っていたのである。熱狂主義とは、第Ⅲ章でも説明するが、要するに人間の社会性が要求される局面で、客観的・規範的なるもの一般を拒否すること、自分達は霊的人間だからそれが許されると主張すること、つまり律法主義とは逆の偏向なのである。キリスト教は、その母胎であるユダヤ教と同じく、法的・道徳的なるものの根拠に神の意志を見る。神は客観的な共同体の神なのである。ところでこの伝統は「私のうちにあって私を生かすキリスト」の面を見失わせ易い。すると人は超越者を見失って、法的・道徳的なもの(つまり客観的・規範的なるもの)を直接に絶対化してしまう。内的生命を知らぬまま、外なる律法に縛られてしまう。律法に依拠して自分で自分を監視し、統制しようとする。これが律法主義である。

それに反して、個人としての自己と超越者の関係を強調する立場がある。この場合、「キリストが私の中に生きている」という自覚が正面に出易い。「キリストにある生」は、ほんとうはまさに社会における客観的・規範的なるものと共鳴するはずのものである。両者の根拠は同じもの（超越者）だからである。共鳴しない場合はどちらかがおかしいと言える。ところが、キリスト信仰には「キリストにある生」だけを一面的に強調して客観的・規範的なものを無視する偏向が起こりうるのである。この場合も人はやはり超越者を見失ってしまう。そして真の深みからではない、ただの自我《エゴ》の生が「霊的生」として絶対化されてしまう。すると人は「何をしても差支えない」ということになるのだ。こう考える人達は既に人は霊的領域に移されているのだから、やがて来る終末のときにはじめて復活するなどということはない、というように考えるのである。

後述のように（二一三ページ）、パウロの考え方は本質的に『ヨハネ福音書』の考え方と一致する面を含んでいる。その限り、パウロは論敵達——彼等もある意味で『ヨハネ福音書』の考え方と一致している——の主張を認めざるをえないところがある。だからパウロは一応その言い分を肯定し（たとえばIコリ八7、九19、一〇23等）、しかもそこにとどまらず、人間は社会的存在として、常に共同体全体の益を顧慮《こりょ》し、あくまで客観的・規範的な秩序を尊重しなくてはならないこと、神は共同体全体の神であって、個人の内的生は必ず共同体全体の秩序と益に一致する方向に向かうはずであることを説くのである（特にIコリ一二～一四参照）。パウロはこうして客観的なものを重んじ、常に共同体全体の歴史を顧慮するので、終末についても、これがあくまで客観的な出来事である面を固持するのである（Iコリ一五）。

パウロの論敵2　さて、パウロは『コリント人への第一の手紙』を書いたのち、エペソからコリント教会を訪問したようである。しかしその間にまた教会の状況はもうひとつ変わっていた。パウロの反対者が（パレスチナから？）コリントへ来て、パウロには使徒の資格がないと反パウロ・プロパガンダを展開し、そのため教会が少なからず動揺していたのである。

この人達は『コリント人への第一の手紙』で問題になった当面の相手ではなく、自分達を「超使徒」と称し（IIコリ一一5、一二11）、推薦状のようなものすら持っていた（IIコリ三1）。彼等は恐らく――IIコリ五16から逆に推測して――自分達は「肉のキリスト」を知っていると主張して、そうではないパウロをおとしめたのである。彼等は「ヘブル人、イスラエルの民に属する者、アブラハムの裔《すえ》、キリストに仕える者」であった（IIコリ一一22）。

彼等はパウロの弱さをおとしめ、自らの強さや、さまざまな奇蹟的能力に誇り頼み（IIコリ一〇7、一二7以下参照）、教会をパウロから離反させて自分達の支配下に置こうとした。少なくともパウロには、そうみえたのである。

中間書簡とコリント人への第二の手紙

パウロのコリント教会訪問は失敗したようにみえる。コリント教会ではパウロを攻撃した個人すらあったようである。それでパウロはひどく傷つけられて帰り(Ⅱコリ二5以下、七12)、涙ながらに、いわゆる『中間書簡』を書いた(Ⅱコリ二4参照)。それは独立の書簡としては伝えられていないが、『コリント人への第二の手紙』に含まれていると推測される。すなわち一〇～一三章である。この部分でパウロは、自分の使徒性が疑われ、教団の心が偽使徒どもに傾くとは、まことに心外にたえないと、自分が決して彼等に劣ってはいない所以を主張する。まことにそれは、「涙ながらに」書かれたものであろう。まるで心を他の男に移しかけている恋人に書くように切々と訴えるのだ。そして恋人をきびしく咎める手紙を書いた男が、あとで心配に襲われて居ても立ってもいられなくなるように、パウロもコリント教会からの返事を待ち切れず、とうとうマケドニアに渡って、そこで使いに出したテトスと会う。そして教会がパウロに対して行なった不正を悔いていると聞いて、教団を失わずに済んだよろこびに満ちて書いたものが、『コリント人への第二の手紙』(一～九章)なのである。もっともこの部分もいくつかの手紙から編成されているという見解があるが、ここでは立ち入らない。なおⅡコリ六14～七1は用語、思想、文脈上、パウロが書いたものではないと思われる。それがどうしてここに組み入れられたのか、明らかではない。

行伝はパウロがエペソを去る前に騒動が起こったことを記している(行一九23以下)。パウロのおかげでアルテミス神殿の人気が落ち、神殿のミニアチュアを作っていた銀細工人が営業不振に陥ったので、女神の評判を挽回すべく群衆を宗教的熱狂に誘って捲き返しに出た。しかし騒乱罪に問われそうになったので収まったという。

コリント滞在と『ローマ人への手紙』　そのあとパウロはエペソをたち、マケドニアを経て三回目のコリント訪問を行なった（行二〇1〜3参照）。『ローマ人への手紙』はここで書かれたと思われる（五五年から五六年に）。すなわちⅠコリ一六5では――この書簡は前述のようにエペソでコリント宛に書かれた――パウロはマケドニアを通ってコリントへ行き、その年の冬を過ごすかも知れないと洩らしている。他方ローマ一五21以下によると、パウロは既に小アジアからマケドニア、ギリシアの伝道を終えてコリントに滞在している。右に述べた予定が実現したわけである。彼はこれからエルサレムに帰り、ローマ経由でスペインに行きたいという希望を述べている。以上を綜合すると、パウロはエペソからコリントに来てここで越冬し、その間に『ローマ人への手紙』を書いたと思われるのである。この書簡は現存するパウロの書簡中最も長いもので、また最も組織的にパウロの神学を述べたものである。帝国首都ローマには、既にキリスト教会があった（前述のクラウディウス帝のユダヤ人追放令参照）。誰が設立したのかは解らない。しかしエルサレムとローマの間には行き来があったはずだから、教会があったのは不思議ではない。さてパウロは是非帝国首都

ローマ（フォロ・ロマーノ）

で福音を宣べ伝えたいと願っている（ローマ一13）。しかしローマには既に教会があり、そこには律法主義的保守派や反パウロ分子がいるかも知れないし、またパウロの福音がすぐ理解してもらえるかどうかも解らない。それでパウロは、あらかじめ自分の神学を体系的に述べ、訪問に備えておきたかったのであろう。

その内容は、パウロの思想を扱う章で述べることになるので、ここでは簡単に大筋を紹介しておこう。まずパウロはローマ教会行きの希望を述べ（一8〜15）た後、「福音は信ずる者に救いを得させる神の力である」（一16）と主題を提示する。その福音の内容は以下のように展開される。まずパウロは、人はことごとく神を知りながら神を無視して罪を犯したと断罪する（一18〜三20）。しかしいまや罪なきキリストが十字架上に死んで人の罪のため贖罪死を遂げて、復活した。このキリストへの信仰を通して人は神に義人と認められる。すなわち、キリストへの信仰による義認を説く（三21〜五21）。

ところで、もしそうなら、人はこれからはどんな罪を犯してもよいことにならないか。この問いを予想してパウロは以下のように説明を行なう。人はキリストとともに死に、罪の支配下から義の支配下へと移されて神に対して生きる者となった。こういう人間が罪を犯すことはありえない（六章）。それに対して、律法のもとにとどまって、律法の行《ぎょう》によって義人たろうとする者は、却って罪の力の虜となって死に陥るのである（七章）。信ずる者は聖霊に従って歩み、肉に従って生きない。彼はキリストにあって一切に勝つ。彼をキリストから離すものはもはやないのである（八章）。

さてパウロは常に神の民の歴史と運命を考えていた。彼にとって、神を語るとは同時に神の民の歴史と運命を語ることであり、逆も真だったのである。ところでもし異邦人が信仰によって救われるとすれば、元来の契約と約束の対象であったユダヤ人はどうなるのか。神の約束は反故《ほご》になるのか。これに対してパウロは、決してそうではないと言う。神は自らが選んだ者を救われる（九章）。それは救われた者の側では信仰として現実化する（一〇章）。ユダヤ人は神に選ばれた民でありながら信仰を拒んだ。しかしそれは最終的なことではない。ユダヤ人が信仰を拒んだため救いは異邦人に及ぶことになったが、異邦人はいわば枝であり、ユダヤ人は根である。異邦人はいわばつぎ木されたにすぎぬ。救いが異邦人に及んだのち、ユダヤ人はそれを見て自ら悔い改め、きっとキリストを信ずるようになり、こうして救いは全人類に及ぶのである（一一章）。

一二章以下で、パウロはキリスト者の生き方を教える。人は国家の秩序に従わなくてはならない（一三1〜7。この部分は教会と国家という観点から賛否の議論が多い。ここでパウロは国家の秩序を直接に神から基礎づけていることが注目される。キリストのからだである教会の場合（Iコリ一二）のように、キリストから考えていない。もし国家がキリストから考えられたら、国家の秩序は必ずしも「キリストのからだ」にふさわしくないものであることが明らかとなったであろう）。

愛が肝要であり、愛こそが神の意志を行なうのである（一三8〜10）。人は常に兄弟のことを愛を以て顧慮しなくてはならぬ（一四章）。こうしてパウロはローマ教会に信仰の生をすすめ、彼の旅行計画を伝えるのである（一五章）。この手紙の一六章は内容上もともとは『ローマ人への手紙』の一部ではなく、ここに現われる人名から推して、むしろエペソ教会宛の手紙の一部であったと考えられている。『ローマ人への手紙』は、このように、『ガラテア人への手紙』と同様、パウロの福音の精髄を述べたものなのである。

コリントからエルサレムへ　翌年はじめ（恐らく五六年）、パウロはコリントを立った。彼は恐らくエルサレム教会のために、マケドニア、ギリシアで集めた寄付金を携えていたであろう（ローマ一五25以下、行二四17、ガラ二10）。彼はマケドニアを通り、トロアスに行く。行伝の記事はここで再び「我々」を主語とするものになる（行二一17まで）。パウロはトロアスの南アソスから舟出し、海路ミュティレネ、サモス、ミレトに到る。ミレトでパウロはエペソの長老達を呼び寄せて演説したという（行二〇17以下）。この演説もその内容は、ルカが行伝の読者に対して、パウロの伝道活動全体を要約しているものととれる。パウロ一行はミレトを出て再び海路をとり、コス、ロドス、パタラ、キプロス沖を通ってツロで上陸、さらにトレマイ、カイサリアを経てエルサレムに着いた。

以上が第三回伝道旅行である。

ローマへ

投獄とローマへの護送

『ローマ人への手紙』を書いたのちパウロがどうしたのか、それについて私達はパウロ自身から聞くことはできない。行伝はその次第を詳しく報じている（行二一17〜二八30）。そのどこまでが史実なのか確かめることは困難であるが、大筋は事実であろう。もっとも大筋といっても、ルカの叙述の通りというわけでは必ずしもなく、以下のようであったろう。パウロは五六年頃エルサレムでユダヤ人に律法無視の科《とが》で捕えられ、殺されそうになった（ステパノ殉教の事件参照）。しかしパウロはエルサレム駐留のローマ守備軍に保護され、総督がふだん在住する海岸都市カイサリアに護送された。この後パウロは二年間獄中にあった（五六〜五八年）。さて行二五8によるとパウロの罪状は、ユダヤ教の神聖な伝統に反したということであるが、ここでパウロが「私はカイサルに対しても何も罪を犯していない」、つまり対ローマ叛乱など企んではいないと言っているのが注目される。パウロが投獄されたのは、騒ぎのもとになる人物として、実は対ローマ叛乱の嫌疑をかけられたからではなかろうか（行二一38参照）。この場合嫌疑をかけたのはローマ側の官憲であったかも知れないし、あるいはユダヤ人側が誣告《ぶこく》したのかも知

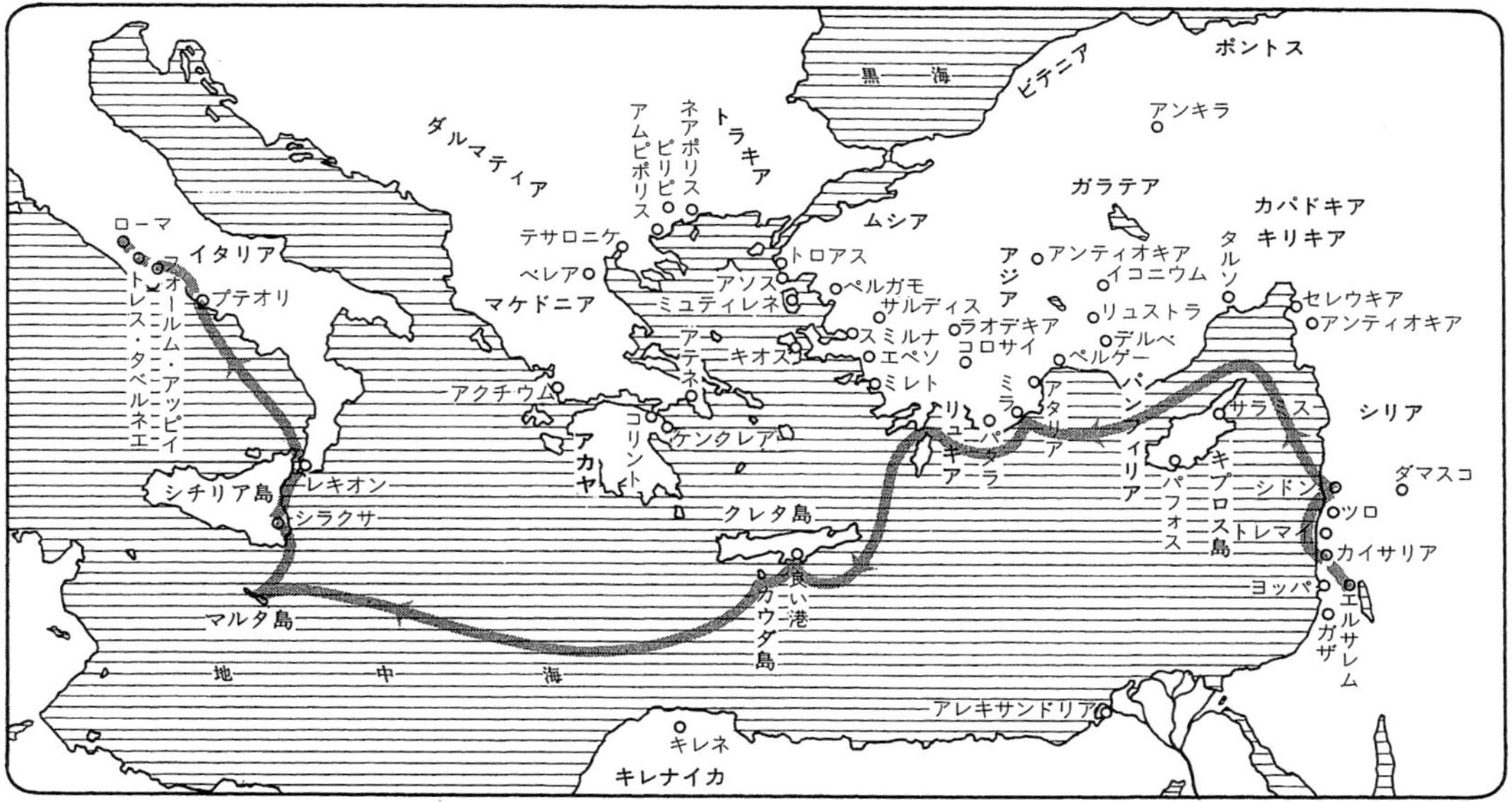
ダルマティア
トラキア
黒 海
ビテニア
ポントス
アンキラ
ネアポリス
ピリピ
アムピポリス
ガラテア
カパドキア
キリキア
ムシア
テサロニケ
ローマ
イタリア
フォールム・アッピイ
トレス・タベルネエ
プテオリ
ベレア
マケドニア
トロアス
アソス
ミュティレネ
ペルガモ
サルディス
スミルナ
エペソ
ミレト
キオス
アテネ
アジア
アンティオキア
イコニウム
リュストラ
デルベ
ペルゲー
ラオデキア
コロサイ
タルソ
セレウキア
アンティオキア
アクチウム
コリント
ケンクレア
アカヤ
リュキア
ミラ
パタラ
アタリア
パンフィリア
サラミス
キプロス島
パフォス
シドン
ツロ
トレマイ
カイサリア
ヨッパ
エルサレム
ガザ
シリア
ダマスコ
レギオン
シチリア島
シラクサ
クレタ島
良い港
カウダ島
マルタ島
地 中 海
アレキサンドリア
キレネ
キレナイカ

ローマへの渡航

皇帝ネロ

れない。そして総督は、そのような人物を釈放するわけにもゆかず（対ローマ政治犯の疑いがあるから）、といって自らの手で審くわけにもゆかず（問題はユダヤ教内部の紛争でもあるから）、ローマで裁判にかけるのがよいと考えたのではなかろうか。パウロがローマ市民権を持っていたことも、ローマ送りの理由のひとつとなったのであろう。前述のように、ここでパウロが市民権を行使して、ローマの上級裁判所での裁判を受ける権利があることを主張した、とは必ずしも思えない。いずれにせよ、以上のようにして、パウロは囚人として海路ローマに護送されたものと思われる（五九年頃）。

行二七以下には再び「我々」を主語とする記事が現われる。パウロの乗った船は、彼の忠告に耳をかさぬ船長の愚かさのために、暴風に遭って難破してしまうが、一行はパウロに励まされて無事マルタ島に上陸、越冬ののち、アレキサンドリアの船に乗って、イタリアに着いた。パウロはプテオリでクリスチャンの出迎えを受け、アッピア街道を通ってローマに赴く道すがら、ローマから数十キロ南のフォールム・アッピイ、トレス・タベルナエでローマ教団からの出迎えに会う。パウロは二年間軟禁状態にあり、この間多くの人に伝道することができた。

パウロの殉教

行伝の記事はここで終わっている。行伝は福音のローマ到着の次第を語るものだからである。その後、パウロがどうなったかについては、さらに後代の史料しかない。『クレメンスの第一の手紙』（ローマ教会の指導的人物クレメンスからコリントの教団に宛てた書簡。一世紀末）五4～7にペテロとパウロの殉教が記されている。「ペテロは不正な嫉妬《しっと》のために一つ二つといわずあまたの労苦を負い、かくて殉教して彼にふさわしい栄光の場所に赴いた。嫉妬と争いのため、パウロは忍耐の賞（に到る道）を示すことになった。七度獄中にあり、追放され、石打たれ、東西に宣べ伝える者となり、彼の信仰の高貴な賞を得た。全世界に義を教え、西の果てまでゆき、支配者の前で証しをなし、かくて世から移され聖なる場所へと取り去られた――忍耐の最大の模範として」。

クレメンスはこのあとに、皇帝ネロの迫害（六四年）による殉教者を記しているので、ペテロとパウロの殉教はそれ以前であるように思われる。恐らくローマでの二年間のあと、六〇年代のはじめに殉教したのであろう。クレメンスが、パウロは「西の果て」（スペイン）まで行ったというのは、独立の伝承に由るのではなく、ローマ一五28（パウロはここでスペインにまで行きたいと述べている）からの推定であろう。するとパウロがローマでの二年間のあと釈放されてスペイン伝道を行ない、帰って来てから殉教した、と考えるのは困難である。いずれにせよパウロの最期のことは史料不足でよくわからない。

エウセビオスの『教会史』に採録されているさらに後期の伝承は――あまり信頼できないが――、パウロはペテロと一緒にローマで処刑されたという。『パウロ行伝』によるとパウロは剣で斬り殺された。二〇〇年頃の伝承によると、パウロが処刑され埋葬されたのは、ローマからオスティアに到る道の傍で、いまではそこにパウロ教会が建っている。

Ⅱ パウロ神学の基礎概念

パウロの問いかけ

パウロを読む視点

パウロはいったい何を問題にしたのか。パウロの手紙において結局のところ何が語られているのか。

ひとりの思想家を理解しようとするとき、彼が何を、どのような観点から、説き明かそうとしたのかを弁《わきま》えておくことは大切である。彼が言おうとしていないものを聞き取ろうとしたり、彼が伝えようとしているものを、当人の語り方とは違う角度から読み取ろうとしたりするとき、往々にして誤解が生ずる。問題の所在をはっきり摑《つか》めば、それはいわば合い鍵のように思想の扉の少なくともひとつを、しかも重い扉を、開くことができるのだ。

パウロの問題はつきつめてみると、何が人間の主体なのか、ということである。あなたとして感じ、考え、決断し、行動している当のものは、いったい何か、ということである。「それはもちろん私だ」、ではすまされない。そこには深く思いをひそめ、厳しく検討すべき事柄がある。他人のことなど一切お構いなしに好き勝手に振舞ってひとを傷つける「私」がある。それは「私」のほんとうのあり方なのだろうか。そうでないとすれば、何故そういう「私」があるのだろうか。あるいは、一見非の打ちどころのない立派な振舞いが、実はエゴイズムの仮面であって、当人すらそれに欺かれていることがある。そのような振舞いの主体は実は「エゴ」である。そのようなエゴの本質は何であり、それはどのようにして明るみに出され、崩壊するのだろうか。キリスト教的な生といわれるものがある。そこでキリスト者を生かしているもの、すなわちキリスト者の生の究極の主体は何だろうか。そのときの「私」の構造はどうなっているのだろうか。そもそものような生き方はどのようにして成り立ってくるのだろうか。

私達は右のような問いを持ってパウロを読まなくてはならない。というのはパウロの中心問題は右のようなことだからである。もっともパウロは、まずこのような問いを抱き、解決を求めて学び、長い間考えたあげくに自分で答えを見出して、それを語った、というのでは必ずしもない。無論パウロがこうしたことを全然考えていなかった、というのではない。恐らくパウロは、自己の主体が何であるか解らないまま、したがって自分が何を探し求めているのかも明らかでないまま、それを模索していたのだ。そしてパウロには、前章で述べたいわゆる「キリスト顕現」の出来事において、突然、予期しない仕方で、答えが与えられたのだ。パウロには人格の主体の成り立ちがここで明らかになった。彼はそれを、旧い自己が死んで、キリストが自分の中で生きている、というように言い表わす（ガラ二20）。パウロは右の出来事を答えとして受け取り、ここに含まれているものを掘り起こし、言い表わし、語ったのである。だからパウロは読者に対して、常に「あなたとして感じ、考え、行動しているものは結局のところ何か」という問いを突きつけ、読者から答えを要求し、同時に彼みずからの答えを与える。したがって読者は、常にこの問いを自分自身に問いかけながらパウロを読まなくてはならない。もちろんパウロは、問いを突きつけるだけではなく、まさに私という存在の真の主体は何かを告げようとしているのである。だから私達はパウロの言葉から、まさにそれを読み取らなくてはならないわけである。

パウロのキリスト

パウロは哲学者ではない。主体の成り立ちを哲学的に分析してみせるのではない。パウロは、たしかに彼の仕方で右の分析を遂行するのだが、それはキリスト信仰の枠内でなされている。彼はキリストを宣べ伝え、キリストを信ずるように呼びかける。彼の言葉は全体としてキリスト告知である。パウロを読んでクリスチャンになることは、当然ありうることである。しかし私達はパウロの言葉の中に、およそ人間である限り誰でもが――クリスチャンであろうとあるまいと――問わなくてはならない事柄の言い表わしをみるのである。専門的な議論をここで述べることはできないし、必要でもないが、結論だけを述べるなら、パウロは「キリスト」という名のもとにあらゆる人の真の主体の所在を言い当てたのだ。私は、こう考えるときパウロの「キリスト」を最も正確に理解することになると考えている。現代の私達にとっては、パウロが告知する「キリスト」は、私（同時に『私達』としての共同体）の主体とは何かという問題の枠組の中で解釈されなくてはならないのである。

超越者

神の怒り

「神の怒りが人間のあらゆる不信心と不正に対して天から現われている」とパウロは言う（ローマ一18）。このような言表を、古代人の神話として片付けてしまうのは容易である。しかし私達は、パウロの言葉の真意を探り、彼がどこに立って何を見ていたのか尋ねよう。結論を先取りすれば、神の怒りとは要するにエゴ——エゴイズムのエゴ——は超越者からの働きによって滅びなくてはならない、ということだ。さてパウロはローマ一で以下のように続けるのである。人間は神の真理の働きを不正を以て阻んでいる。誰にでも神は知られるはずなのに、人は神を神として拝せず、神ならぬものを神としてこれに仕えている。その結果人間はあらぬ情熱の虜《とりこ》となってしまった。

たとえば神は人間を男と女に創り、両者の自然のかかわり方を定めた。それは両者の本性の中にいわば刻み込まれている。しかし人間はこの自然を無視し、同性愛に陥《おちい》ってしまった。それだけではない。神を捨てた人間の心は邪悪な思いで満たされ、そこからもろもろの悪行が発してくる。しかし神の怒りは直ちに天罰として臨むのではない。たしかにパウロは、やがて世の終わりが来る、それは神の怒りの日であり、そのとき神の敵は滅ぼされ、人は善悪の業《わざ》にしたがって審かれ、報いられる、と信じた。これは彼の思考に一貫してみられる確信である。しかし神の怒りはいま、いささか違った現われ方をしている。もしそれをも天罰というなら、天罰とはまさに、人間が罪の中に沈み込んでゆくこと、そのことなのである。

あらゆる人が、誰でも無条件に、神を知っているはずである。しかし人は神の働きかけを無視している、とパウロは言う。そういう「神」とはいったいどう理解すべきなのだろうか。それは人を監視し、咎め、告発する良心のことだろうか。つまり良心にはまさに超個人的な普遍性があるという理由で、それが天の高処に投影され、神として思い浮かべられるにいたったのだろうか。しかしパウロの神は良心より深い。良心は、パウロによれば、全く人間的なものである（ローマ二15）。

私達はここで、パウロの考え方を想起しよう。前記のように、パウロはまず答えを受け取り、そこに含まれたものを明らかに言い表わすという仕方で語るのである。だから私達も、パウロがそこから語った当の場所に立たなくては、パウロを理解できないことになる。しかし他方、その場所はパウロ研究の結論であって出発点ではない。パウロを理解しようとするとき、私達はパウロの大前提を結論として望み見るというまことに困難な状況に置かれてしまう。そこでまず、困難を覚悟の上で、パウロが立っている場所がどこか、そこには何があるかを略述しよう。それからパウロが見ている「罪」の状態をできるだけ解り易く、私達の言葉で述べてゆくことにしよう。そこからまた逆に、パウロの立っている場所が、さらに明らかになることを期待することにしよう。

キリストのからだ

キリスト信徒の共同体、つまり教会《エクレシア》を、パウロは「キリストのからだ」と呼ぶ（Ⅰコリ一二、ローマ一二4〜5）。パウロはそこに、人格共同体本来のあり方を見ているのである。人間は他の人間と一緒に生きている。しかしその本来のあり方は、本来はばらばらな個人が、たまたま一緒に生きたほうがいろいろ都合がいいから共同生活を営む、というものではない。人格同士の関係はもっと深い。人体において、各部分は他の部分なしには働くことはできない。心臓は肺なしには動くことができず、肺も心臓なしには働けない。肺が肺として機能するのは、心臓が心臓として機能するときである。これは人体の各器官系について、さらには個々の細胞についてまで言えることである。人間同士の関係も同様である。人格共同体は全体として「キリストのからだ」だと言われるのである。

すると、私が私であるとき、あなたはあなたでありうる。逆もまた真だ、とパウロは言っていることになる。ほんとうだろうか。「私」が「私」として自己を主張するとき、「あなた」の自己は排除されるか、屈服するのではなかろうか。「あなた」が自己を主張するとき、「私」は折れるのではなかろうか。征服か、支配か、屈服か、譲歩か、妥協か、このようなものが共同生活の実相ではないのだろうか。

それはやはり間違いだ、とパウロは言う。ほんとうは、私が私であるとき、あなたもあなたでありうるのだ。こう考えてもいいだろう。それはちょうど磁石に北極と南極というふたつの極があって、両者は区別されるし、性質も反対のものでありながら、南極なしには北極もありえず、北極なしには南極もありえないようなものだ。一方は他方と一緒に、成り立つのである。人格の共存も同様である。

もしそれがほんとうなら、一緒に生きるということは、実に素晴らしいことではなかろうか。しかしそれはどうして可能なのだろうか。それはふつうにいう「私」より深いもの、「私」をも「あなた」をも超えて、両者を生かしまた結ぶ働きがあるからである。私を私として生かし、あなたをあなたとして生かしながら、同時に両者を結ぶものの働きがある。この場合人格の共存はちょうど以下のような具合になる。すなわちそれは、生体の中で細胞や器官系が分化してゆくとき、それぞれがひとつの生命に与《あずか》り、また特殊な機能をもつ個性的な部分に分化してゆきながら、しかも一方なしでは他方もないあり方で結ばれているようなものである。そして私達は、このような分化と結合の働きに、個々の細胞や器官を超えた生命の営みを確認する。共同体とキリストの関係は、からだと生命の関係に似ていると言えるのである。

個を超えたものの働きなしには、個は単にばらばらになって散乱してしまうのではないだろうか。他方、個を超えたものが、たとえば法や倫理や、一般に社会の掟《おきて》といわれるもののような普遍妥当性であったら、それは社会秩序を守るために個性を圧迫し、さらには殺しうるのではないだろうか。もし個を超えたものが個を個として生かし、しかも個同士を結びつけるというなら、もしそれが事実であり、そこに人格共同体の真の姿があるのなら、それと個の関係はどういうことになるのか。こういう問いはいささか抽象的な議論になっただろうか。しかし私達はこうして考えを進めていってみよう。もしそうなら、個を超えて全体を成り立たせるものは、どうしても同時に個を個たらしめる働きとして、あることになる。

私を超えたものの働き

これは逆説《パラドックス》である。しかしこのような逆説は数学の問題のように頭で解いてはいけない。私達各人は他の人格と一緒に生きている。争ったり憎んだり嫉んだり、好きになったり離れたり、助け合ったりしながら、しかしとにかく共同生活を営み、その中で一緒に生きている。「一緒に」ということは、人の逃れることのできない定めである。その外に出たら、人はもはや人ではない。人間は人間社会の中で育ち暮らさなくては、人間になれない。ところで「一緒に」ということの奥底には何があるのか。これは各人が他人まかせで放っておかず、自分のこととして見出すべき事柄なのである。さて「一緒に」が人間存在にとって偶然の事柄ではなく、必然の事柄であるならば、そしてほかの誰とも等しくはない個性的な人格同士が「一緒に」生きられるなら、私が私として生きる営みの底には他者を他者として生かし、こうして両者を結ぶものがあるはずだ。すなわち私を超えたものの働きがあるはずだ。別の面から見れば、私が私として生きることは、他者が他者として生きることの一条件になっているはずである。事実そうだ、とパウロは言う。私はその働きに生かされている、私はその証人だ、とパウロは主張する。

超越者と個

このような意味で各人を超えたものを超越者と呼ぶことにしよう。すると超越者の働きの中で、人格の共同体が成り立つ、と言える。「私達は多数であるが、私達はキリストにあって、ひとつのからだであり、各人はお互いのために働く器官である」(ローマ一二4。後半は意訳)とパウロは言う。パウロがキリストと呼ぶのはこのような超越者のことである。ところで超越者と個々の人格の関係はどういうことだろうか。その超越者は各人に働いているのである。私が私として生きる営みの底にそれがある。換言すればそれは私が私として生きるすべての営みのいわば中にあり、それを成り立たせている。「私の中でキリストが生きている」(ガラ二20)。それは「私」より深い。このキリストこそが各人の真の主体なのだ。それがパウロの主張なのである。

このような主張が難解なのは、私達は一般に、ふつうの意味での「私」が自己の究極の主体だと思っているからである。その底にある事実に注意を払わないからである。実は、この事実が見え難くなっているわけがあるのだ。しかし右の事実に気付くことは必ずしも不可能ではない。だからこそパウロも前述のように、神は万人に知られうるはずだ、と言うのであろう。神は眼に見えないが、神の神たることとその働きとは、世界と歴史とから知られる、とパウロは言うのである（ローマ一20参照）。

自由と愛

愛したことがおありだろうか。互いに惹かれ合い、好意を抱き、いつも一緒にいたいと願う、そういう気持ちを愛という。すると、愛によって、もともとは無関係な人間同士が結ばれるのだろうか。そうではなく、もっと深い愛がある。それは、人間は共存する存在であるという規定に応ずるものである。その定めのいわば反映、働き、または共鳴として成り立つ愛である。好意より深い愛である。人格が共存するものであるかぎり、人格存在の深みでは、すべての人が事実結ばれている。愛はこの事実に即するあり方である。このような愛は、何かえたいの知れない力ではない。私を捉《とら》えてやみくもに引きずってゆく力、私はそれに不安を抱きながらもさらわれてゆく、そういう力ではない。そこでは私は、反対に自由である。愛である自分自身に納得がいっている。

一見、愛と自由は対立するようにみえる。愛はかかわりの事柄であり、自由は個人の事柄である。愛は共存を求める。しかし自分で考え、決めるとき、自己は孤独になる。単独者である。だから愛と自由には対立する面がある。しかし個々の人の気持ちを超えたところに発する深い愛においてもては、両者はひとつである。私は愛において自由であり、私は自由に愛する。私が私になる（自由）ことが、私が他者のためにある（愛）こととひとつである。自由に自己決定をするとき、私は他者に依存しない私になる。しかもその自己決定は、他者を無視せず、却って他者とのかかわりの中で起こっている。そしてその自己決定の内容は、愛に発して自己を他者へと向かわせるようなものなのである。

このとき、私を超えたところから私を私たらしめる働きは、私を愛また自由たらしめて、同時に個と個を結びつけているのではなかろうか。そしてそのような愛と自由は、単なる日常性よりも、自分勝手なエゴよりも、深い。つまりふつうの意味の「私」より深い。このような愛を知っている人、このような愛で愛する人は、その愛が自己を超えたところ（超越者）に根差すことを知るのである。つまり愛の主体はまさしく自己であって、しかも自己を超えている。だからそれは人格同士を結びつけるのである。

エゴイズム

このような愛と自由は自然である。私達が心の奥底から欲するところのものである。つくりものでも演技でもない。誤解がなければ、人間の本性だと言ってよい。しかし

エゴ

実状は、このような愛と自由の発現は稀《まれ》である。なぜだろうか。パウロは、それは人が神を無視したからだ、と言う。では、超越者の働きを無視した場合、私達はどのようなあり方に陥ってゆくのだろうか。そのときの私達の営みの主体は何になっているのだろうか。私達はしばらくパウロを離れて、この事柄を追跡してみよう。

エゴイズムといわれるものがある。私達はそれを次のようなものと考える。自己が超越者との関係また共存する他人格との関係を無視して、自分勝手に、自分に望ましく思われる自己のあり方を設定する。そしてそのような自己を実現し維持しようとする。さらにはそれを他人に押しつけ認めさせようとする。それだけではない。エゴイストにとって何はともあれ、まずそういう自己が成り立たなくてはならないのだが、それをこの世で押し立て貫き通すについては、その正当性が他人にも自分にも認められるのでなくては、都合が悪い。このような自己は、正当なことを行ない、だか

ら自分の正当性を主張するのかというと、そうではない。逆である。正当だからそうするというのではなくて、自分のやることだから、正当なのである。それを阻む者が不当なのである。そこで彼は、自己は常に正当だという大前提から出発して、一切をそれに合うように解釈することになる。自分に都合の悪い事実は意識的無意識的に無視し、歪曲《わいきょく》し、覆《おお》いかくす。都合のよい面ばかりを取り上げ、拡大し誇張し、声高に言い立てる。以上のような、勝手な自己設定と自己主張と現実解釈の全体を、エゴイズムという。そして、そのような営みの主体をエゴということにしよう。するとエゴというのはこの場合、超越者と、共存する他者とのかかわりを無視して、自分の眼に望ましい自己を設定するような自己のことである（パウロの言い方では神を神として拝しない自己）。

エゴが求めるもの

このようなエゴの営みを考察してみよう。エゴは何を求めるのだろうか。エゴは自分勝手な自己を実現するについて、まず自己の存在を守らなくてはならない。それは存在しなくてはならない。滅びてはならない。そこでエゴは自分の存在を守り維持しようとする。そのためには何が必要なのだろうか。必要なものの代表は端的に財産、むしろ金である。必要なものはさまざまあるが、とにかく金があれば、安全も快適な生活も健康も維持できるように思えるのだ。さらにここに知識を加えてもよい。エゴは不動で確実なことを知ろうとする。それは、そのようなものの上に自己を基礎づけて、以て自己の存在を安泰ならしめようとするからである。エゴは確実な知識を求める。これは後述の律法主義と結びつくのである。

しかしそれだけでは足りない。エゴはただ存在するだけでは不満足である。それは自分の眼に望ましい内容をそなえていなくてはならない。つまり自我《エゴ》は価値高いものでなくてはならない。

価値は多様である。経済生活にかかわるものも精神生活にかかわるものもある。個人にとっての価値も社会にとっての価値もある。その内容をここで列挙する必要はないであろう。とにかくエゴは自己を価値ある内容で満たそうと欲する。しかし人間は自分ひとりで自分の価値を確信できるほど強くはない。だからエゴは、自己が他者に価値ありと認められることを欲するのである。美貌《びぼう》であろうと、業績であろうと、人びとの注目や賞讃の的となるようなものを身にそなえたいのである。つまりエゴは目立つこと、人気の中心になることを求め、名誉・名声を獲ようとするのである。

まだそれだけでは足りない。自分の眼に望ましいような自分になるためには力が必要である。その力とは個人的能力だけではない。知識や技能や体力はもちろん力であり、それらはなりたい自分になるために必要である。しかし特に必要なのは他人を自分の思うままに動かす力、すなわち権力である。これは社会的に公認された強制力、決定し命令しうる力であるが、さらに権威も力である。これは権力ではないが、人は権威の前には自己主張をはばかるものである。つまり権威は、他者に心理的圧力を加えて、自発的に自己主張を引っ込めさせるような力である。権力や権威は自分が自分の眼に望ましい自己となるために必要なものである。こうしてエゴは力を求めるのである。

このようにエゴイストは金と名誉と力とを求める。三者は互いに違うものでありながら、互いに結ばれている。金は名誉と権力を買うことができ、名誉は金と権力を引き寄せることができ、力は金と名誉をわがものとすることができるようにみえるのだ。だから三者はいわばひとつである。それらはエゴの自己充実の三つの面なのである。

個人の尊厳とエゴの自己主張の違い

注意すべきことは、これらを求めることがエゴイズムの営みだとは必ずしもいえないことである。自己は、本来的自己としての尊厳と主張と責任を持っている。それは侵《おか》されてもいけないし他人に侵させてもいけない。本来的な自己は、社会生活を営むについて、金や名誉や力を持つに到るし、それらを必要とする。そして、そうなったからといって、他者を不当に侵すわけではない。むしろ逆である。本来的自己においては、それらの所有が目的なのではない。他人のことは一切かえりみず、結局は自分一個の都合でそれらを求めるということはない。たしかにエゴイストは金や名誉や力を求める。しかし逆は必ずしも真ではない。つまり金や名誉や力を求めることそのことが悪、また悪の根源なのではない。誰が、何が、それを求めているのかが問題なのである。つまりそれらをエゴが求めているところに問題がある。すなわち、超越者また他人格とのかかわりを無視して自らの欲するところのみを求めるエゴが問題なのである。

自意識

エゴの振舞いをもう少しみてゆこう。それを正確に理解することは、結局はパウロの理解のために必要なのだ。というのは、パウロはキリスト信仰においてエゴが崩壊し、克服されて、「キリスト」が各人の真の主体となる、それによって却って本来の自己が成り立つ、と主張するからである。

自分の眼に望ましい自己となるのに成功したエゴは自惚《うぬぼ》れる。自分で自分の美しい姿を眺めてよろこぶのである。ちょうどギリシア神話の美少年ナルキッソスのように――彼は水鏡に映った美貌の自分に恋をして水際を離れられなくなり、とうとう水仙《ナルキッソス》になってしまった――そのようにエゴは素晴らしい自分を眺めて恍惚《こうこつ》境にひたるのだ。「自惚れ」という言葉はこの消息を実によく言い当てている。それは第一に文字通り自己に「惚れる」自己愛《ナルシシズム》であり、第二は自己の美点長所の異様な誇張なのである。「あの人は自惚れている」というとき、両方のことが語られている。

とすれば、エゴはいつも自分自身を気にしている。決して自分を忘れることがない。いつも自分を他人と比較し、自分の美点だけに注目し、他人の欠点を探して安心する。自分が自分にどう見えるか、他人の眼にどう映ずるか、いつも気にしているのがエゴの特徴なのである（自意識）。だから何をしていても自意識が先に立つ。自分を立て、自分の言い分を通すことを考え、容れられないと気に入らない。たとえば相談ごとにおいても、問題なのは皆に一番よいような方策をみつけることではなく、自分の言い分を通し、それで自分の面子《めんつ》をたてることなのだ。しかし残念ながら、人間いつも自惚れてばかりはいられない。有頂天になった次の瞬間には、自分が言いようもなく惨めなものにみえる。歓喜と絶望の間を往復しながら、エゴは他人を嫉妬《しっと》し、同時に軽蔑しているのである。

強いエゴイスト

強いエゴイストがいる。有能な人間のエゴイズムである。彼はとにもかくにも自分の眼に望ましい自分となることに成功する。そこで彼は自惚れる。自惚れは強いエゴイストの特徴である。彼には強烈な自信があるから、自分が他人にどう見えるかというより、自分が自分にどう見えるかを気にかける。それだけ他人には冷淡となり、傲岸《ごうがん》な態度をとる。彼が決してはしたない振舞いをしないのは、自分が自分に卑《いや》しくみえないためである。恥となるようなことを人前でしないのも同様である。彼にはひとつの大前提がある。それは自分が人より優れているということである。あらゆることにおいて優れているというのではなくても、彼が大切に思っていること、彼の自惚れの中核をなしているような事柄では、彼はどこまでもこの優越感を守ろうとする。すると彼の現実解釈、あるいは他者への評価はすべて、この大前提から出発することになる。意識しようとするまいと――往々にして本人の意識にはのぼらないのだが――、彼は他人の能力や業績を、悪い方向へ悪い方向へと解釈するのである。ライバルのすることはみな、彼の劣悪さの証拠として解釈されてしまうのだ。こういうエゴイストの関心の中心は要するに自分の優越を証明することにあるのではないかとすら、思われてくるのだ。

強いエイゴストには、本人は必ずしも自覚していなくても、富や名誉や権力を独占しようとする気持ちがあるものである。それは同時に、自分が最も優れているということを、自他に認めさせようとする気持ちでもある。そこには、ライバルを倒そう、自分より優れたものをその地位からひきずり落とそう、滅ぼしてしまおう、という気持ちが潜んでいるのである。

ふつうの能力のエゴイスト

ふつうのエゴイストはそれほど強くはない。彼は自分ひとりの力では、手放しで自惚れられるようにはなれない。そこで彼は強者に依存することを考える。その強者とは個人でもありうるし、組織でもありえよう。組織の代表者としての個人であることもあろう。この場合、彼はこの個人に自己（すなわちエゴ）の理想像を見る。すると彼はこの個人に自己を同一化してしまう。ほとんど帰依してしまうのだ。この場合も真の問題は、それがエゴの行為であるところにある。自己の理想とする人格を持つということは、向上のために必要なことである。しかしそれがエゴイズムからなされるとき、エゴはこの同一化によって、強者の愛顧を得、その存在と名誉と能力に与《あずか》ろうとするものである。エゴイストが強力で卓越した組織や集団に加入しようとするときも同様である。エゴは――まさにエゴイズムからして――集団に忠勤を励む。集団から評価されれば自己のためになるからである。それが一見無私な忠勤にみえても実はそうでないことは、たとえば彼のライバルへの態度にあらわれる。集団の内部で上位にのぼろうとするのは、エゴの場合、そのほうが存在・名声・能力への関与の程度が高くなるからである。するとエゴは、真に有能な人間が指導的地位について集団が強化されることを求めるより、上位を独占してライバルを蹴落とそうとするのである。

集団のエゴイズム

集団の中では個人のエゴは一方向に合成されることもできる。つまり集団の力の強化の方向にである。このとき、個人のエゴがいわば積分されて集団エゴイズムが成り立つことになる。このときの集団の振舞いは、個人としてのエゴイストに類比的になる。但し個人よりはるかに強力であり、影響を及ぼす範囲も広い。集団エゴは、他の集団を無視して、自分達だけの存立と利益を求める。一見合法的に、あるいは法の網の目をかいくぐって、競争者を倒し、弱小集団を統合して成長しようとする。そのひとつの典型は、二〇世紀前半の民族的なエゴイズムであった。そこには虚構が伴っていた。エゴイズムに侵された民族は、あらゆる事実を無視して、自分達の民族が最も優秀であると主張し、それゆえ自分達が世界を支配するのが当然だと主張した。強い者が弱い者を支配し犠牲にするのは道理であり、劣悪民族は人類向上のために根絶されるべきだといったのである。

ニーチェ

弱者のエゴイズム

弱い人間のエゴイズムもある。弱い人間も集団となれば強い。そこで弱いエゴイストが集まって、弱さに居直ることが可能である。すなわちニーチェが指摘したように、弱いエゴイストは群をなして自分達を基準化し、人間本来のあり方にまで高める(エゴイストの虚構)。この基準からはずれた少数者は疎外されることになる。仲間からはずされ、無視され、孤独になる。強い人間は、弱いエゴイストを辱《はずか》しめる存在として嫌われ憎まれ、遂には抹殺されてしまうことだって、ないわけではないのだ。

自分の弱さに居直れるのは弱者の中でもまだしも強い人間である。それすらできないほど弱いエゴイストがいる。彼はエゴイストである以上、いつも自分を気にせざるをえないのだ。しかし彼は自己を正視するに堪えない。そこで虚構がなされる。自分をありもしない長所美点で飾り立て、他人ばかりか、自分の眼をも欺くのである。これは虚栄である。強いエゴイストの特色が自惚れにあるとすれば、弱いエゴイストの特色は虚栄である。

しかし虚栄は所詮《しょせん》虚しいのだから、それで自他の眼を欺き通すことは必ずしも可能ではない。それで弱いエゴイストは、自分が自他の眼にどう見えるかを絶えず気にしながら、しかも自分を正視することも出来ず、またありのままの姿を他人に見せることも出来ないという矛盾に苦しむことになる。この矛盾の解決は、自分を忘却することに求められる。このようなエゴイストは、陶酔や熱中によって、眼を自分からそらそうとする。アルコール・セックス・暴力・麻薬・その他そのようなものに溺れることで、弱いエゴイストは自分を忘れ去ろうと試みるのである。

エゴと貪欲

エゴは所詮虚しいものである。自分勝手な拵《こしら》えものにすぎないからである。それが自覚されてくるとニヒルな気分になるのだが、それを考える前にさらに見ておかなくてはならぬことがある。それは、エゴが自己の存在・内容・能力を求めはじめたら、その要求は無限になるということである。どれほど財を集めてみてもそれで自分の存在が完全に保証されるわけではない。自分の内容も価値も、もうこれでいいということはない。他人と比較しても、どこまでも上には上がある。能力についても同様であって、エゴイストが満足のゆく自己実現を求めたなら、彼は究極的には世界と歴史の独裁者とならなくてはなるまい。エゴイストがそれを意識していようといまいと、あるいは自分はそんな途方もないことは望んでいないといっても、エゴイズムの要求は本質的に無限である。それは要するに自己という相対的存在を絶対最高のものたらしめようとする意志を含んでいるからだ。

だからエゴイズムは人間の欲求を貪欲に変えるのである。どんな欲求にでもエゴイズムは忍び込むことができるのだ。一般に欲求とそれを満たす行動は、それが自己の生の充実と維持を求める意味を持つ。前述のように、これは必ずしも悪ではない。自己は当然、自己の本来のあり方を守ろうとするものだ。問題は欲求がエゴイズムに侵されるところにある。

悪の根源はしばしば、人間の欲望に求められた。人間は欲があるから悪いことをする、というのである。こう考えられる場合、欲望の否定が善であるということになる。その例は東西の倫理学説に少なくない。ところがこの考え方はつきつめると人間性、特に肉体性の否定に到り易い。すると克己や節制だけではなく、禁欲が人間のあり方の理想となる。これは本来的な生の豊かさを犯すので、人間性は正当にも反抗をはじめて、自己を主張することとなる。すると今度は逆に、人間性を否定抑圧する社会的な規範を破壊することが善だ、進歩だと考えられてくる。欲望を抑えることこそが悪なのであり、欲望が分化しその充足度も高いほど、文化的に進んでいるとされてくる。ところがこの場合は、エゴイズムが放任される結果となる。人はお互いに争って傷つけ合ってしまう。結局、欲望の充足にも限度があることが明らかになる。するとまた、欲望が悪だ、社会は個人の欲望を抑えるべきだ、という考え方が頭をもたげてくる。

実は悪の根源は欲望にあるのではない。欲望の否定が善なのでもなく、欲望の無制限な充足に進歩があるのでもない。問題は、欲望を貪欲に変質させるエゴイズムにある。欲望はもともと生存を維持する上に必要欠くべからざるものである。欲望とその充足の感覚も大切である。生物の基本的な欲望はもともと無限ではなく足ることを知っているものである。ところが欲望にエゴイズムが忍び込むと、欲望は無限になってしまう。富、健康、知識、名声、権力、快楽等々に対する無限の渇望が生ずるのである。

我執

キリスト教は元来は決して欲望や肉体性それ自身を悪とみるものではない。同様に、決して生の楽しみそれ自身を悪として否定するものでもない。しかしキリスト教がそこに危険を見たことも事実である。倫理学の歴史をみると、善を快楽ないし幸福に求める考えがあり、これにもギリシア古代の快楽主義（エピクーロス）の場合のように個人の快楽・幸福を善とする立場と、近代初期の功利主義（ベンサム）のように、最大多数の最大幸福を善とする立場とがある。しかしパウロの考え方を念頭において考察した場合、私達は快楽につきまとう以下のような問題を指摘しないわけにはゆかない。

人生には歓びがあり楽しみがある。祝祭があり得意の時がある。肉体の快があり精神の快がある。個人の歓びがあり共同体の歓びがある。それらすべてを列挙する必要もあるまい。問題は、歓びの時は訪れて立ち去ってゆくのに、人はその瞬間に滞《とどこ》おることである。人はその瞬間を忘れることが出来ない。それを手放すまい、逃すまいとして、持続させ反復させることをはかる。それは歓食や性の楽しみに限らない。

　全力を賭して戦って勝利を得る、そのような情熱の燃焼を人は忘れ難く想起する。のみならず、人はそこにこそほんとうの自分があった、と考えるようになるかも知れない。このように、人が特定の瞬間での特定のあり方を基準化するとき、そこには自己の不当な固定化が起こってしまう。そのようにして固定化された自己を私達は我《が》といい、そのような我に執することを我執《がしゅう》という。これはやはりエゴイズムの一形態だと言わなくてはならぬ。

　人は時とともに歩いてゆかねばならぬ。立ち止まったり居すわったりすることは許されない。時とはそういうものである。世界がこのまま静止してしまえばよいと思うような時も過ぎ去ってゆく。それに執すれば無用の軋轢《あつれき》を起こす。そこにおいて人は、やはり超越者および他者との関係を無視して、自分に好ましい自分を固定し、さらに流れてゆく時をも止めようとしているのである。だから我執はエゴイズムなのだ。

　脚光を浴びて喝采《かっさい》される時がある。その感激を味わった男はその時を永遠にとどめようと試み、繰り返し反復させせようと欲するようになるかも知れない。このときも、時間の動きを滞らせる我と我執とが成り立つ。このような男は、輝かしい瞬間に執する自己の奴隷となるのだ。あらゆる不当な手段を用い、阿諛《あゆ》をあえてしてまで、「あの時」を甦らせようとして却って泥沼に落ち込んでゆくのである。

愛する人と甘美で幸福な陶酔の時を味わった女性もいるだろう。このような人はその瞬間に執着してしまうかも知れない。愛する人が遠くへ行ったり別れたりして会えなくなれば、女性は当然悲しんで不幸になる。このとき女性がなおも過去の幸福に執するなら、他の男性に代償を求めるようなことも起こりうるであろう。しかし相手はあの愛する人ではない。代償行為である以上、失われた時は返っては来ない。すると女性は、それは相手が悪いからだと考えて、その結果男から男へと渡り歩きはじめることも起こりうるのである。

パウロによる有罪宣告

以上、ごく簡単にエゴイズムの諸相を述べたので、私達はパウロの研究に戻ることにしよう。さて、エゴイズムとは、超越者また共存する他者とのかかわりを無視して、自我《エゴ》に望ましい自分を設定し、そのような自己を実現ないし維持し、他人に押しつけ、一切の事柄をエゴの実現が正当化される方向に解釈する営みの全体であった。こうした「エゴ」から何が出てくるか。パウロはそれを以下のように言う。いくぶん解説を交えて意訳しながらそれを引用してみよう。

「人々は神を憶《おぼ》えることをこころよく思わないのです。しかし人は神と他人格との正しいかかわりの中で人格として成り立つように定められていて、その定めは決して失《う》せないのですから、その定めに逆らった人々は、神の代わりに、きっと神ならぬものを神として崇めはじめるのです。すなわち有限なものやあり方に、不当な関心と情熱を燃やして、それにわが身を献げる倒錯に自らまきこまれてゆくのです。その結果、個人にも共同体にも起こる混乱を、神は放任されるのです。こうして人の理性は盲目となり、人の正しいあり方は見失われて、人はなすべからざることをなすようになるのです。その結果人々がどんな悪人になるかといえば、それは以下の通りなのです。

あらゆる不正や邪悪や貪欲や悪行にみちた人間、嫉妬や殺意や争いや奸計《かんけい》やねじけた根性でいっぱいの人、中傷する人、悪口を言ってまわる人、神を憎み神に憎まれる人、傲慢《ごうまん》な人、思い上った人、ほら吹き、悪いことばかり考え出す人、親に逆らう人、正邪を弁《わきま》えない人、誠実や愛や憐れみを欠いた人間。

こういう人達は、このようなことをする人が死に価するという神の当然の定めを知っていながら、自らこうしたことを行ない続けるばかりか、また同じことをする人々の肩を持つのです」（ローマ一28～32）。

「肉《サルクス》（エゴ・我執）の営みは明らかです。それは以下のようなものなのです。姦淫《かんいん》、わいせつ、好色、偶像崇拝（神ならぬ相対者を絶対化することも含まれる）、呪術、敵意、争い、そねみ、憤懣《ふんまん》、我欲、分裂、分派作り、嫉妬、泥酔、宴楽《えんらく》、その他同様なもの……このようなことを行なってやめぬ者が神の国に入ることはありません」（ガラ五19～21）。

エゴの虚しさとその自覚

エゴは虚《むな》しいのである。もともと人格は超越者また他の人格との正しいかかわりの中ではじめて正常な自己として成り立つものである。そこでは自己が自己であるについての正当な根拠がある。ところがエゴはそれを欠いている。虚しいとはそういうことである。

ところでエゴイズムの営みに挫折するか、あるいは自分のエゴイズムをあさましくいとわしいものに感ずるかして、エゴの自己充実に興味も情熱も失うような場合は、エゴの底にあるニヒルが自覚にのぼってくる。しかしこのニヒルはこのときはじめて成り立ったものではない。もともとあらゆるエゴの根本にあるニヒルが、たまたま気付かれるのである。そして人がここで真剣にエゴイズムの克服を求めず、いわばこの虚無に居坐る、ないし居直ってしまうと、この人はニヒリストになる。ここには確かなもの――つまり正当な自己を根拠づけ要請するようなもの（超越者とのかかわり）――は何ひとつない。人生には意味も内容もなく、自己を力づけ生かすものもない。人は生きることにも死ぬことにも関心と情熱を失い、世界は暗く冷え切って、一切がばらばらに散乱してしまう。これは人格の死である。パウロが肉《サルクス》（エゴ、我執）の業《わざ》を行なう者は神の国に入らない、その人の定めは死だというとき、現代の私達はパウロの言葉を右のように解することが許されるであろう。パウロは「死」というとき、たしかに個人としての存在の断滅を意味するのである（ローマ五12〜13）。しかし彼は旧い自己（エゴイスト的我執的自己）に死んで新しく生きるというように語ることもある（ガラ二19、五14～15）。このとき、新しい生から見た場合は、旧い自己はまさに生ではなく死の中にいたと言える。旧い自己がまさに死の中にあったというとき、その状態は、右に述べた人格の死と大きく異なるものではあるまい。ここから振り返ってみるとき、エゴイストの生は、一見激しく自己の強化と充実に向けて生きているようでありながら、実はいわば死の営みであったのだ。真実の生を知らぬまま、それゆえ自ら勝手に思い描いた生を求めて生きる死者の生であったのだ。だからこのような生に対して死ぬとき、人は却って真実に生きることをはじめるのである。

律　法

契約と律法　エゴイズム的生の主体は前節で述べたエゴである。超越者また共存する他人格との正しいかかわりを無視して自己主張を営む自我である。

さて各人がエゴイストとして勝手に自我を主張し、他人を思うままに支配しようとしたのでは、社会生活は成り立ってゆかない。エゴは、最も深い意味では超越者の働きを無視する自我、ゆえに罪の自我であるが、これは社会生活にとっても許すべからざるものである。

ここで注意すべきことは、個人であること——私が本来的な私であること——は決して社会性と矛盾しないことである。個人と社会は相互依存的である。反社会的なのはエゴである。欲求と貪欲を区別しなくてはならないように、エゴと個人も決して混同してはいけない。したがって、エゴイズムと個人の権利の主張も、決して混同してはならない。個人の人権を守ることは健全な社会のためにも必要なのである。

社会は自分自身を維持するため、エゴイズムを制圧しなくてはならない。それゆえ社会はさしあたりエゴイストの放縦を禁止し、社会を守るために、なすべきことと、してはならぬことを定め、各人にそれを守らせようとする。それはやはり法とか倫理とかの形をとるであろう。もっとも法は一般に社会の具体的構造に基礎を持つものであり、成員の合意を通じて規範化されているものであって、単に個人のエゴイズムの否定をめざすものではない。それだけが法の意味ではない。しかし社会の構造に基礎を置く法が、その社会特有の形のエゴイズムを制圧しようとしていることも事実である。

さて私達の問題は法一般の本質を考察することではなく、パウロが律法をどのように理解したか、律法主義克服のために彼はどんなに闘ったかを、明らかにすることである。そのためには再びまわり道をして、律法と律法主義の本質を考えておかなくてはならない。

律法とは何か。それは私達の世界での法と倫理に対応するものではあるが、宗教的な基礎を持ち、またその範囲も、祭儀や農耕にまで及び、当時の考えでは、生活の全般を律すべき規範であった。キリスト教の母胎となったユダヤ教——その正典が私達のいう旧約聖書である——では、律法はおおよそ以下のように理解されている。

神ヤハウェがイスラエルの民を選び、これと契約を結んだ。契約とは、特殊な内容を持つ約束というより、それを含みはするけれども、基本的には神と人との共存の合意である。神ヤハウェが民イスラエルの神となり、民イスラエルは神ヤハウェの民となるという関係で、両者の共存の合意がなされたとされる。これが契約の成立である。さて民イスラエルは神ヤハウェの民である以上、神ヤハウェに対して一定の義務を負う。民のなすべきこと、なすべからざることが、神との契約関係の中で成り立ってくる。この面が最も明瞭なのは、シナイでの神と民との契約においてである（出エジプト記一九以下参照）。ここで神ヤハウェは民の義務をイスラエルに告知する。この意味での当為《とうい》（なすべきこと）と禁止を言葉で明記したものが律法であり、モーセがそれを神から受けて民に伝えたのだとされる。さて民がヤハウェとの契約に忠実にとどまり、律法を守るとき、神は民を祝福して平和と繁栄を保証する。反対に民が契約に不忠実となってヤハウェ以外の神を拝し、また律法を破るときは、民に罰が加えられ、イスラエルの民はさまざまな非運や災禍や不幸に見舞われるのである。

十戒と割礼　律法の中心となるものは、いわゆるモーセの十戒である。その内容は以下のようなものである。

一、ヤハウェ以外の何ものをも神としてはならない。
二、どんな偶像にもせよ、それを作り、拝してはならない。
三、神の御名をみだりに唱えてはならない。
四、安息日には働いてはならない。

モーセ

道元

五、父と母とを敬《うやま》え。
六、殺してはならない。
七、姦淫してはならない。
八、盗んではならない。
九、偽証を立ててはならない。
一〇、隣人の妻、財産を犯してはならない。およそ他人の所有を欲しがってはならない。(出エジプト記二〇1～17、申命記五1～21参照)。

さて、律法は単なる法律ではない。十戒には、法や倫理は神と人との正しい関係の表現だという理解が含まれている。たとえば「殺してはならない」という禁止は、原語のヘブル語では、命令形で書かれているのではない。動詞の時制《テンス》はいわゆる未完了である。したがって、その原意を直訳すれば、「あなたは殺さない」ということである。神また他人格との正しい関係の中にある人間は、他人を殺すようなことはしない、というのだ。互いに殺意を抱き、法を制定しなければすぐ殺し合いをはじめる人間に、法が強制力を以て「殺してはならない」と命令するというのではない。人はもともと「殺さない」ものなのだ。つまり神との正しい関係の中にある人間は、社会の存立を守るように行為するものだ、というのである。そういう人間の行為の形の基本を言い表わしたもの、それが律法である。だからこそ十戒の前半は、神と人との基本関係を記しているのである。ちなみに鎌倉時代の禅師道元は『正法眼蔵《しょうぼうげんぞう》』で諸悪莫《しょあくまく》作《さ》と言う。これはもろもろの悪をなすことなかれということではない。そうではなく、仏のいのちに生かされる人間は、悪をなさないものだ、ということである。おのずから悪をしないということが諸悪莫作なのである。このような仏教者の発言を考えあわせると、私達はイスラエルの民の律法を、単にあの民族だけの特殊現象と片付けてしまうわけにはいかなくなるのだ。それはもともと時と所を超えた人間の普遍的なあり方の表現なのである。少なくとも、そう考えうる面を持っている。だからこそパウロは、律法を持っているのはイスラエルの民ばかりではない。律法（特に倫理的律法のことであろう）は異邦人の心の中に刻まれ記されているというのだ（ローマ二14〜15）。

律法の特殊性

とはいえ、イスラエルの民の律法はやはり表現というより規範となってゆくのである。命令と禁止になってゆくのである。時とともに、唯一の神の絶対の命令としての法という性格を強めてゆく。一世紀のイスラエルの状況では、律法は全体として人が「何故」

と問うことを許さないものであった。人は自分の能力だけでは何をなすべきか、してはいけないか、知ることはできない。唯一の神がそれを人に啓示した。人にできることはそれに聴き従うことだけで、個々の戒めについて、何故そのように定められ、違うように定められなかったのか、その理由を問うことはできない、という考え方が支配的であった。これは「他律」である。人が自分でその理由を理解し、納得した上で何をなすべきかを判断し決定する「自律」とは反対のものである。
　のみならず、律法を守るか否かには、民全体の運命だけではなく、個々の人間の運命もかかっていると考えられた。このような考え方がいわゆる終末論と結合してくる。終末論とは、詳しくは後述するが、やがて世の終わりが来て神の敵はことごとく滅ぼされ、神の意志を行なった者だけが、やがて到来する神の国に入る、という教説である。すると律法を守った者だけが永遠の生命に与るということになる（マコ一〇17における富める人の問いを参照）。律法は個々の人にとって、宗教的救済への唯一の道という意味を持ってきたのである。律法的完全が永遠の生命の条件となる。それはやはり律法の変質と言えるであろう。

共同体の神　ここで私達は契約と律法という、旧約宗教の基本的概念に即して、旧約宗教の神理解の特徴を明らかにすることができる。これは私達日本人にはかなり異質的な考え方である。ごく簡略に述べれば、それは以下のようなことであろう。

神は共同体の神である。それに対して私達日本人に馴染み深い仏教の問題は「自己」である。自分が本来何であるか。自己の営みは総じてどこに発してどこへ赴くのか、それを明らかにするのが仏教である。ところがキリスト教は仏教とは問題設定が違う。いや、同じ面もあるのだが、まずは違うところがある。それを心にとめておかなくては、キリスト教は正しく理解できない。旧約聖書においては、契約は神と民との契約であり、神は共同体の神なのである。契約も律法もまず共同体の事柄なのである。神との契約がイスラエルを神の民たらしめる。ここに神の民としての共同体が成立し、その歴史が発足する。イスラエルの民の運命は、神との関係を反映する。イスラエルの民は神への忠実を破っては非運に見舞われるのである。しかしイスラエルの民には希望がある。それはまさに神との契約の事実に基づくものであり、イスラエルの不実にもかかわらず民との共存の意志を棄てない神の誠実により、イスラエルの民の救済が将来に待望されるのである。つまり、神を語ることは、共同体とその歴史を語ることと不可分である。であればこそ、旧約聖書は哲学でもなく、また全体としては文学でもなく、まさに民の歴史を物語るのだ……その中に深い思想また文学が宿っているとしても。

さてこうして神は共同体の神である。神の、民に対する要請は、律法の中に告知されている。ところで個人の立場からみれば、一般に法や倫理は共同体の合意を表明するものであって、客観的であり規範的である。それらは個人が自分だけの恣意《しい》で変えたり犯したりすることの許されない客観的な現実である。そしてイスラエルの民の場合、神との契約が共同体成立の根拠であり、律法に神の意志が告知されているのであれば、神自身も個人にとって、あくまで客観的・規範的現実である。神は共同体に対向する「人格的」存在として、民に働きかけるのであり、その意志と行為はまさに共同体の現実にかかわるという意味で、あくまで客観的・規範的なのである。

　このような「神」は、やはり日本の宗教には異質的であって、私達には馴染みにくい。仏教はこのような神を知らない。日本の「神々」はたしかに共同体の神々であり、その運命と結ばれている。しかしそこには、特定の神だけが民族また世界の唯一の神であり、その意志がとりわけ法に表明される、ということはなかった。いずれにせよ旧約聖書の神は、イスラエルの民の神である。パウロが語った神も、まさに右のような神なのである。パウロにとって、神はもはやイスラエルの民だけの神ではなく、全人類の神である（ローマ三29参照）。イスラエルの民と異邦人とを差別しない神である。それだけに、神は単に各個人の神ではなく――その面も出てはいるのだが――、まずは人類的共同体の神である。だからそこには人格性・客観性・規範性が強烈に前面に出ているのである。伝統と考え方を異にする私達は、特にパウロを理解しようとするとき、神と民との契約ということと、それが客観的事実と考えられているという点に、深く深く留意しなくてはならない。

超越と内在

右のような事実を、私達は、神の超越性と他者性が強い、というように表現しておこう。新約聖書では、神の超越性に対して内在性が、他者性に対しては神が自己の主体であるという面があらわれる。ここに旧約と新約のひとつの大きな違いがあるのだが、神が内在的であるとか、自己の主体であるとかいうことは、何を意味するのだろうか。それは他律的な律法に対して自由と愛が主張される事実と結びついてくる。それは、自己のあり方が、営みが、自己の深みから、自己の欲するところとして成り立ってくるということである。つまり私達だったら「自然に」、と表現する面が成り立ってくるということである。愛は単に神からの他律的命令ではなく、深く内発的な自然でもあるのだ！　自由も同様である。こうして命令と自然、他律と自律とが、共鳴し合うのだ。

このような超越者の内在面のことをパウロは「もはや生きているのは私ではない。キリストが私の中に生きている。私はそこから生かされている。それが私が私であるということだ」（ガラ二19〜20参照）というように言い表わすのである。キリスト教は、超越者の内在面を深く見出したのである。そしてそのとき、単に共同体と超越者のかかわりだけではなく、個人としての自己と超越者とのいわば、じかのかかわりの面が明瞭になったのである。キリスト教が仏教と接するのも、この点においてなのである。

また議論が抽象的になりすぎたかも知れない。しかしパウロがなぜあれだけ律法主義と闘ったかを理解するためには、どうしてもこの点の解明が必要なのである。であるから、もう少し続けるのを許していただきたい。右のような超越者理解には、特有の頽落《たいらく》態が結びついている。それはいわゆる「律法主義」において明らかとなる。

律法主義

旧約聖書の宗教の中で律法が成り立ったとき、そこには、人格の正しい行為は神と他人格とのかかわりの中で成り立つ、という理解があった。そしてたとえば、そのような人は「殺さない」と語られたとき、思うに超越者の内在面への感覚が全く欠けていたわけではないのだ。しかしこの面はいわば背景に退き、自覚的に強調されることはなかった。

ついで律法は法的性格を強めてくる。イスラエルの民が紀元前一一〜一〇世紀、サウル、ダビデ、ソロモンと続いた有力な王の指導下に、かつてない繁栄を経験したのち、王国は南北に分裂し、北王国は前八世紀に滅亡し、南王国も前六世紀バビロニアに征服された。このとき指導的な人達はバビロニアに移住させられたのだが(バビロニアの捕囚)、前六世紀、バビロニアはキュロス王下のペルシアに敗れ、捕囚民はエルサレムに帰還を許される。前五世紀、イスラエルの民はエズラ、ネヘミヤの指導下に、神殿と律法を中心とする教団国家を形成する。ふつう、私達は旧約聖書の宗教と区別された意味でのユダヤ教の成立を、この時期におくのである。

それ以降、律法を守ることそれ自身に重点をおく考え方が支配的になってゆく。そして、ハシーディームと称せられる、律法熱心な人達が現われた。対シリア独立戦争(いわゆるマカベア戦争。前一六八〜一四二)を指導して成功させたのはこの人達である。以来、この人達は日夜律法研究に精進し、律法を正確に理解、解釈して、日常生活の全般にあやまたず適用し、生活全体を律法を以て規律しようとした。この人達の流れからいわゆるパリサイ派がおこった。そしてパウロもパリサイ人のひとりだったのである。

以上のように律法書(私達のいう旧約聖書の、最初の五書)に記された律法を基礎とし、そこから出発して、律法書に明記されていないさまざまな場合にまで律法の拡張解釈を及ぼし、それで生活全体を規律しようという努力があった。このように律法を守ることそれ自身に重点をかけ、そこに救済の条件をみる考え方を、律法主義と呼ぶ。当時の律法主義者達の律法熱心は、まことにすさまじいものだったのである。

さて話を本筋に戻そう。律法主義者は神とともに生き、神から生かされて生きる宗教生活を全うしたのだろうか。一見そのようにみえる。一般に道徳生活の完全を追求した人達は、その尊敬すべき志向と努力によって、少なくともエゴイズムを克服したようにみえる。

律法主義とエゴイズム

ところがそうとはいえないのだ。律法主義はエゴイズムと結びつく。それは以下のような理由による。まず神が律法の根柢にみられている(西欧思想史を一見すれば明らかなように、キリスト教的西欧の伝統には、神は道徳の根柢であり、人間に道徳を命令し、それを守った者を祝福する、という考え方が実に強い）。神は立法者であり、司法者でもある。しかし律法主義において、神の客観面・超越面が強調されるだけ、神の人間への内在面は見失われてゆく。その極限で、神は全く人間から切り離され、至高者として遙かなる天の高処に隔絶した存在となる。人は神を知ることができず、神を知る途はただ、神が啓示した律法によるほかはないことになる。

まさにそのとき、聖書と律法が絶対化されてゆくのである。律法はもはや人格の深みから成り立ってくる人間的「自然」の表現ではなく、その面は一切失われて、ただ他律的・客観的な規範となってゆく。人は「わがうちなる超越者」を知らないまま、そのような律法を守ることによって神と結ばれると考える。

するとここに注目すべき事柄が起こってくる。すなわち、律法主義的営為において、人はまず神の意志を、律法という形で知ろうとする。それを文字に書き記された形で認識しようとする。律法を守れば神からの祝福がうけられると考えるから、人は確実にその祝福に与《あずか》るために、神の意志を確実に知ろうとするのだ。つまり律法を守るのは、いつしか自己の存在を確かなものにするためとなる。これは前記のエゴイズムではないか……。第二に、ここで人は絶えず自分自身を眺めるのである。一方で律法の定めを学び、それを守ろうとするについて、人は絶えず自分自身がどこまで律法の定めに即しているか、眺めることにならざるをえない。いわゆる「良心」も、人間のこのようなあり方に定位されている。人は自分のことを一瞬たりとも忘れることができない。自分から眼をそらすことができない。自分のあり方を気にし、律法の規定を尺度として自分の価値を測る。自分がどこまで達しているかを確かめようとして、自分を他人と比べる。そして喜んだり悲しんだり自惚れたり絶望したりする。彼は「自意識」にとらわれ、そこから脱け出すことができない。

律法主義的営為の主体

前節を読まれた方はここで、律法主義的営為がいつのまにかエゴの営為と重なり合ってゆくことに気付かれるであろう。そう、自分はまさに神のことに熱心であり、一般の人間が欲しがるような富や権力や名声や快楽を断念して、神の命じた律法を守り、神に嘉《よみ》される人間になろうと努めている。その出発点も、道程も、一見エゴイズムとは反対のものにみえる。ところがいつのまにか、当の本人すら気付かぬうちに、律法主義的営為の主体はエゴになりおわっている。自分を眺めざるをえない律法主義の構造が、同じく自分を眺めざるをえないエゴイズムの構造と結びつくのだ。後者が前者を侵し、これにとって代わるのだ。

律法主義者、それはどういう人達か。ほんとうに超越者とのかかわりを持たぬまま——なぜといって超越者の内在面が欠けているから——、また他人格とのかかわりをも欠いたまま——なぜなら、問題の中心は自分が律法を守るところにあって、ひとのことはいわば第二の事柄だから——、律法主義者は社会が価値ありと認めたあり方、すなわち律法的完全を自分に課する。それはたしかに、社会を無視して、自分だけに望ましい自分を択びとることではない。しかしここには社会的に高く評価される自分になりたい、こうして自分の眼にも素晴らしいと思われる自分になりたい、という気持ちがないかどうか。いや、社会の社会性が強いところでは、まさに社会が是認する価値が、個人にとっても最高価値となるのである。つまりは律法主義者は自らもそれと気付かぬまま、結局は自分自身の眼に望ましい自分を――社会の価値評価を媒介として――設定し、それを成就しようとしはじめるのだ。

こうして律法主義的営為の主体は、それが超越者の働きに基づいていないとき、あろうことか、まさにエゴなのである。これこそ後述のように、パウロの洞察にほかならないのである。そして私達は、これは単に二千年前のイスラエルの民のことだ、私達には関係がない、と言って済ましていられるだろうか。そうではないのだ。客観的な価値を承認し、その尺度からして、自分がどこまで価値あるものとなったかを眺める、そして一切の努力をその価値の実現に集中し、成功した自分を眺めて、自惚れる、あるいは絶望する。そのとき、そのような営みの主体はほんとうのところいったい何なのか。それがパウロの私達につきつける問いなのである。

エゴイズムの罠

たとえば私達が学歴とか地位とか業績とかで、社会的に高く評価される自分自身となることを求め、ああ、そんな自分になれたら、どんなに素晴らしいだろう、そのとき自分は自分の眼にどんなに素晴らしく美しいものに映ずるだろうと思うとき、エゴイズムが輝かしい姿でもって私達を誘惑しているのだと言えないだろうか。一見、私達はおよそエゴイズムとは反対に、社会のために生き、社会に貢献する人間、人々の尊敬に価する人間になろうとしながら、私達は既に知らぬうちにエゴイズムの罠《わな》に落ちてしまっているのではないだろうか。

律法違反の罪と罰

罪とは、悪とは、何だろうか。これに関しては一応の社会的通念はある。それは刑法に表現されているといえよう。刑法に触れるようなことは悪なのだ。殺人、強盗、暴行、傷害、詐欺《さぎ》等。さらには地位を利用した不正や権力の濫用《らんよう》や、営利だけを追求する結果起こる環境汚染や公害等。悪を生み出すのは社会の構造自体だという見解もある。資本主義社会では労働者階級が収奪され、社会主義社会では個人の自由が否定される、などという。

このような見方はもちろん、それなりの正しさを持つものである。ところで私達の研究の主題であるパウロは、悪をどこに見ているのであろうか。パウロの時代、ユダヤ教の伝統の中にいる人達が何を罪悪と考えたか。これを理解するためには、今日の私達の通念を持ち込んではならず、当時の人達の考え方の枠組を考慮しなくてはならない。まず歴史的な説明からはじめよう。

旧約・ユダヤ教の伝統内では、前述のように、こう考えられている。神がその民に律法を与えた。神は立法者であると同時に司法者でもある。命じ審く方である。ところが人は神を忘れ、律法を学ばず、あるいは律法を知っていてもこれを犯す。ここに人の罪責が成り立つ。律法を犯した人間は罰せられなくてはならぬ。滅ぼされなくてはならぬ。ところでこのような考え方の枠組は、前述のように終末論と結合していた。終末論とは世の終わりに関する教説であり、イスラエルの民の希望の表現である。

キリストの語義　ユダヤ民族は決して弱小民族ではなく、中級の実力を備えた侮《あなど》るべからざる民族ではあったが、大国にはさまれ、また重要な交通路に位置していたため、しばしば外国の侵略を蒙《こうむ》った。前述のように、ペルシア（キュロス王）のあと、マケドニア（アレキサンダー大王）、ついでシリアの支配下に置かれ、一時的な独立のあと、前六三年、ポンペイウスに攻略され、ローマの支配下に入った。つまり政治的には強国への屈従に甘んじなくてはならなかった。これはたしかに、民イスラエルが神への忠実を忘れたための罰と解釈された。しかし他方では、世界の主――神ヤハウェは、はじめは民族神であるが、時代が下ると全世界の支配者と考えられるようになった――である神の唯一の民が、何故不幸に遭い、神を知らない罪ある民が勢威を振うのか、という問いが繰り返し問われたのであった。それに対して、やがて神の民イスラエルは強国の支配から解放されるという希望が生まれた。この希望は政治的なものと、宇宙的なものとがあるが、前者は、やがて神から選任された救済者《メシア》が民を率いて立ち、神の民を支配する強国（特にローマ）を打ち破って独立を恢復《かいふく》し、イスラエルを世界の中心とする、という内容のものである。ちなみにこの救済者はメシア、すなわち神によって選任され、その徴として「膏《あぶら》を塗られた者」と呼ばれる。メシアのギリシア語訳がクリストスであり、私達はふつうキリスト（救世主とも訳す）と称している。つまりキリストとはもともと固有名詞ではなく職能をあらわす普通名詞だったのである。

黙示文学的終末論

さて宇宙的終末論——これはユダヤ教のいわゆる黙示文学に記されているので黙示文学的終末論と呼ばれる——によると、やがて世の終わりがやってくる。その前にさまざまな前兆がある。戦争・飢饉・疫病の流行、地震などである。さまざまな異常現象が起こる。それから日は暗くなり月は光を失い星は落ち天地は震い動く。旧い世界が崩壊し、新天新地が成り立ち、神の国が到来する。

世の終わりのとき、天から超人間的な救済者・審判者が現われる。この形姿は時として「人の子」と呼ばれている。彼は人間であれ、悪霊どもであれ、神に敵するものを征服し、世界中の民に審判を執り行なう（最後の審判）。このときは死者も復活して、生存中に行なった業《わざ》に従って審かれるのである。こうして万人が審きの座の前に立ち、義人の判決を受けた者は神の国に入り、罪人の判決を受けた者は消えぬ火の地獄に投げ込まれて永遠の罰を受ける（このような黙示文学的終末論の代表は一世紀末に書かれた『第四エズラの書』である）。さて最後の審判において、人の義また罪は何によって、何を尺度として測られるのか。それは神の意志であり、これは結局のところ、律法に表現されているのである。
終末論がパウロ当時のユダヤ人にどれだけ受容されていたかは問題があるが、一般に、パリサイ人またその影響下にある人には、黙示文学的終末論を奉じていた者が多かったと考えられている。このような状況を考えるとき、当時律法がどれほど大きな意味を持っていたかが推察されるであろう。ユダヤ教の伝統の中では、罪とはまず律法違反なのである。

パウロ以前のキリスト宣教

さてキリスト教とはそもそもいかなる宗教であろうか。それについては実は見解が分かれている。イエスが創始した宗教であるというのがそのひとつであり、他は、イエスをキリストと信ずる宗教であるという。一九五〇年代以降、このふたつの見解の関係が問われる中で両者は表面上は異なるが深い意味では統一されるという考えが提出された。本書の筆者もその意見である。しかしこの問題に詳しく立ち入るのは本書の課題ではない（拙著『キリストとイエス』参照）。いずれにせよ、パウロの宗教は明らかに、イエスをキリストと信ずる信仰なのである。

ところで二十世紀はじめまでは往々にして、パウロが第二の意味でのキリスト教の創始者だとされた。しかし現在では、キリスト宣教はパウロの回心以前に成立していたのであり、パウロはそれを受け容れ、展開したのだというのが通説である。実際、それは正しい。そこで私達はまず、パウロ以前のキリスト宣教――イエスはキリストなりという告知をキリスト宣教という――が、どのようなものであったかを略述し、それからパウロがキリスト宣教をどのように深め展開していったのかをみることにしよう。

その史料は、パウロが書いたものの中に引用されている伝承である。パウロは原始教団から受け取った伝承を、自分の書簡の中で用いている。私達はそれを取り出して検討するわけである。それらの伝承のすべてが、原始教団最古のキリスト宣教に含まれていたと断定はできないが、それらは、パウロより前からあったか、あるいは少なくともパウロと同時の、原始教団の共有財であったと考えることができる。若干のものを挙げてみよう。

「兄弟達よ、私はあなた方に、私が宣教した福音を改めて告知する。……私はあなた方に最初に、私が受け取ったものを伝えた。すなわち『キリストが聖書（の預言）通りに私達の罪のために死んだこと、そして葬られたこと、そして聖書（の預言）通りに三日目に復活したこと、そしてケパ（ペテロ）に現われたこと』である。彼はそれから十二人の弟子達に現われた」（Ⅰコリ一五1〜5）。

右の引用のうち、どこまでがパウロ自身受け取った原始教団のキリスト宣教であるか、諸説があるが、一応二重括弧の中の部分とみてよいであろう。これはエルサレムの原始教団最古のキリスト宣教を伝えていると思われる。

キリストによる贖罪

それによると、キリストが十字架上で死んだのは、私達の罪のためであり、また彼の死は既に聖書（旧約聖書）の中に預言されていたこと、すなわち神の御意《みこころ》に由ることなのである。「私達の罪のため」というのは、私達（といっても、ここではまずユダヤ民族のこと）は神の律法に違反して罪に問われている。しかし罪なきキリストが民の罪をわが身に負って十字架上で死んだので、私達の罪は免除された、ということである。これを贖罪《しょくざい》ということは既に述べた。そしてキリストによる贖罪は、ほかならぬ神の行為なのである。律法を与え、罪を宣告したその同じ神が、キリストに贖罪の死を遂げさせた。そうでなければ贖罪は立法者である神に対して効力を持たない。このように原始教団は、イエスは神の御意《みこころ》に従って、私達の罪のために死に、三日目に復活した、このイエスこそキリストである、と宣教したのである。

キリストによる贖罪の意味は、別の伝承にもう少し詳しく語られている。以下にそれを引用しよう。以下の文中、二重括弧内は原始教団の共通財としてのキリスト宣教であり、それ以外の部分はパウロの説明また加筆と考えられている。

「いまや律法とは無関係に神の義があらわれました。それは律法と預言者（すなわち旧約聖書）によって証しされているものであります。すなわちイエス・キリストへの信仰を通じて信ずる者すべてに及ぶ神の義です。ここには差別はありません。

人はみな罪を犯したので神の栄光に与ることができずにいますが、『キリスト・イエスによる贖罪を通じて』無償で、すなわち神の恩恵によって、神に『義と認められる』のです。すなわち『神はキリストを、彼が（十字架上で流した）血により』、信仰を通して受け取るべき『あがないとして立てた』のであります。それは『神の義の証明のため』でした。というのは、神は忍耐によってそれまで犯された罪を見逃しておられたのですが、今の時に御自身の義を証明されるのです。それは御自身が義であるため、また、イエスへの信仰に基づく者を義とするためであります」（ローマ三21～28）。

パウロ以前の考え方

ここに私達は明瞭に、パウロ以前の伝承とパウロ自身の考え方の、共通性と違いとを見ることができる。それはほぼ以下のようなことである。まずパウロ以前のキリスト宣教では、主題は「神の義」である。義とは、旧約以来の考え方では、契約への忠実のことである。神は民に律法を与えた。しかし民はそれを守らずに、掟に違反した。ゆえに神は、自ら結んだ契約に忠実である以上、民を罰しなくてはならぬ。罪人を罰し滅ぼすのが神の義である。しかし神は民の悔い改めを待ち、忍耐を以て民の罪を見逃した。神はなおも民との共存を欲するのである。しかしいつまでもそうしたのでは神の義が立たぬ。それで、神はいま、一方では民との共存を成り立たせ、しかも他方では自らの義を証明するために、民を罰し滅ぼす代わりに、罪なきイエス・キリストに血を流さしめ、それを民の罪のための贖罪としたのである。

では人が神に「義と認められる」とはどういうことだろうか。ここでは、義認（義と認められることをこういう）は法的であると解される。すなわち神の法廷で無罪宣告を受けるのである。ユダヤ教では契約と律法には法的性格が強いが、それと同様にパウロ以前の原始教団でも、罪と義認は法的である。さて、無罪宣告とともに罪責は消滅する。というのも、ここでの基本の枠組は倫理ではなく法だからである。倫理的な意味で悪を行なった人間が、倫理的には以前と同様悪人に変わりないのに、善人であるかの如く扱われる、というのではない。刑法には現代でもたとえば時効というものがある。これは、犯罪事実がいまなおあるのに、もはやそれを追及しないということではなく、法的には犯罪事実（違法性）また刑罰権が消滅した、ということである。同様に、義認とは、神の法廷で、人の犯罪事実の消滅が宣言されることなのである。犯罪の記録が破棄されることである（コロ二14参照）。これは、罪を犯したがゆえに、神の国の栄光から閉め出され、永遠の罰に定められている、と信じ込んでいた人には何という福音（よろこびのおとずれ）であっただろう。この場合、「罪を犯した人」とは、ふつうにいう犯罪者のことだけではなく、律法を学ぶことができなかったため、律法を守ることもしなかった当時の下層階級、いわゆる「地の民」のことでもある。律法とその解釈、適用を学び、それで生活を規律できたのは少数の、いわば知的な特権階級に属するパリサイ人のような人達だけだったのである。

そもそもイエスの死がなぜ贖罪なのか。イエスの復活・顕現とは何か。現代の私達はそれをどう理解すべきか。この問題も本書の主題ではない。簡単には第一節で述べた。ここで私達は原始教団のキリスト宣教は右のようなものであったという事実から出発しよう。そしてキリスト宣教が、「罪人」への「福音」であったことを理解しよう。

パウロの福音理解

それではパウロは、原始教団のキリスト宣教をどのように受け取り、どのように展開したのだろうか。パウロが原始教団のキリスト宣教を全体として受容したのは、その引用の仕方から明らかである。彼は「受けたもの」を基本的に重要なものとして「伝えた」のだ。

パウロの独自性は、右の伝承に対する彼の加筆にみられる。それは「神の恩恵」と「人の信仰」に収斂《しゅうれん》している。パウロは「神の義」を否定したのではない。そう考えるのは明らかに行き過ぎである。しかしパウロはキリストによる贖罪に神の恩恵をみた。恩恵という事柄自体は旧約宗教・ユダヤ教に異質なものではないが、パウロはキリストによる贖罪に恩恵をみるのである。恩恵とは人に由らず神御自身の発意に由る、人との共存の意志である。

パウロ以前の原始教団のキリスト宣教なら、なおユダヤ教の枠内にある、それはたかだかユダヤ教の一分派である、とみることもできよう。右の引用にあらわれる概念はみな、非ユダヤ教的とはいえないものである。もちろんイエスがキリストだと主張した点は原始教団独自のものであるが、誰かをキリストと称することは、ユダヤ教の枠内で充分ありうることであった。むしろこう言うべきであろう。原始教団のキリスト信仰はその実質において既にユダヤ教の枠内にはなかった。しかしその受け取り方また表現形式はなお、ユダヤ教の枠内にあった。パウロはキリスト信仰の実質に、それにふさわしい表現を与えたのである。

ではパウロの独自性はどこにあったか。パウロはユダヤ教的法的思考を破るのである。それは神の側のこととしては「恩恵」にみられ、人の側のこととしては「信仰」に現われる。人が神との契約に忠実であるかないか、法を守るか守らないかとは全く無関係に、神自身の主権性と愛とから、罪人を受け容れ、人との共存を意志する。このような恩恵概念はもはや法的ではない。このような行為は、新しい意味での神の義であるともいえよう。義とは、合意された共存関係の中で求められていることを満たすことだからである。しかし右の意味での義はもはや法的ではない。なんら客観的な法に制約されるものではないからである。同様に、神の恩恵を素直に受容する信仰も、法的思考を破るものである。パウロ的な信仰は、もはやいかなる意味でも、客観的な法を楯にとって人の側から神に対して自己を主張することではありえない。契約や法は、人がそれに訴えることのできる客観的な拠りどころである。律法を守った人は、それを楯にして、神から義認を要求することができる。それは公認の資格試験に合格した人が一定の地位を要求できるようなものである。しかしパウロの「信仰」はそうではない。人は罪人であって、一切の法的権利を主張する資格を失っている。この状況の中で、いまや人に与えられるのは、神に対する一切の自己主張を放棄して神の恩恵を受けることだけであり、逆に、神の恩恵を受け容れるということは、神に対する一切の法的権利の主張を放棄することである。つまり信仰は律法主義の徹底的な放棄・否定なのである。以下でこの点を詳しくみてゆこう。

信仰による義認

「私達が思うに、人が義と認められるのは信仰に由るのであって、律法を行なうこととは関係はありません」(ローマ三28)。「神はただひとりであって、割礼ある者(ユダヤ人)をも信仰に基づき、割礼なき者(異邦人)をも信仰を通じて、義と認めるのです」(ローマ三30)。

パウロの矛盾

パウロは「信仰によって」義認されるというとき、「信仰に基づいて」とも、また「信仰を通じて」とも言う。これは、神の恩恵は一方ではそれへの信仰を通して人に及ぶからであり、他方では、信仰こそ神と人との新しい関係の中で神から求められるものだから、その意味で「信仰が義に数えられる」(ローマ四1〜5)からである。しかしその意味を考察する前に問題とすべきことがある。

信仰義認とは矛盾を含んでいるのではないだろうか。義認というとき、それは前述したように、律法違反の罪に対して無罪宣告がなされることである。とすれば、ここには律法主義が前提されているのではなかろうか。人はもともと律法を守ることによって神に義人と認められるものではあるが、人は律法を犯して罪責を負っている。律法的行為の道によって神に義人と認められることはできない。しかし人はキリストによる贖罪によって、これを根拠として、無罪宣告を受けるのだ。これがパウロ以前の原始教団が説いた「イエス・キリストによる贖罪に基づく義認」（ローマ三24）ではなかろうか。それに対して「信仰による義認」とは、信仰こそが義に数えられるということである。するとここにはそもそも律法主義自体が間違いだ、という理解が含まれているのではあるまいか。

実に厄介《やっかい》なことに、パウロの神学には、右のふたつの理解が結びついている。それはいささか乱暴な言い方をすれば、パウロが、原始教団から受け取ったもの（キリストの贖罪による義認）を、信仰による義認の方向へ展開させたからだ、と言えよう。しかもその際パウロは、前者を決して棄てることがないままで、後者を主張しているのだ。パウロ神学はあまり解り易いものではない、何か読んでいてすっきりしない、という印象の少なからぬ部分は、右の事情によるものである。

私達はこの縺《もつ》れ合いを解きほぐしてゆこう。そのためには、贖罪による義認と信仰による義認とをそれぞれ中心として含むふたつの神学の形を描き出して両者の関連を問うのがよいと思われる。しかしそれを解り易くするため、私達はまず、「信仰義認」ということを考察しておくことにしよう。「信仰」とはいかなることか。

信仰

パウロはそれを族長アブラハムの例で描いている（ローマ四）。アブラハムこそ信仰の父である（ローマ四11〜12）。アブラハムについては旧約聖書『創世記』にその物語りが伝えられている。神がアブラハムに「国を出、親族に別れ、父の家を離れ、わたしが示す地に行け。わたしはあなたを大いなる国民とし、あなたを祝福し、あなたの名を大きくしよう。あなたは祝福の基となろう」（創世記一二1〜2）と告げたとき、アブラハムは何らその保証を求めずに出かけた。神はさらにアブラハムに、その子孫が天の星の数ほどにもなると約束する（創世記一五5）。するとアブラハムは神を信じたのである。そして神はその信仰を義と認めた（創世記一五6）。

アブラハムと正妻サラの間には子がなかった。アブラハムが九九歳のとき、神は彼に現われて告げた。「わたしは全能の神である。……わたしはあなたと契約を結び、大いにあなたの子孫を増やそう」（創世記一七2）。こうして神はアブラハムとその子孫の神となるという契約が結ばれた。神はさらに彼の妻について言った。「わたしは彼女を祝福し、彼女によってあなたにひとりの男子を授けよう」（創世記一七16）。このときもアブラハムはその老齢にもかかわらず神の言葉に従った。そして前述のように、契約の徴として自ら割礼を受け、またその家の男子にも施したのであった（創世記一七22〜27）。

やがて年老いたアブラハムと妻サラの間にイサクが生まれた（創世記二一）。ときにアブラハムは百歳であったという（創世記二一5）。しかるにこの子イサク――約束によって、その子孫が天の星

神にイサクを献ずるアブラハム

の数ほどになるという、その独り息子――を、理不尽にも神は自分のため燔祭《はんさい》（犠牲の獣を焼いて神に献ずる祭儀）として献げよと命ずる（創世記二二）。イサクが死ねばアブラハムの希望は虚しくなるではないか。しかしアブラハムはこの命令にも反抗せずに従うのである。そしてまさにイサクを殺そうとしたとき、神からつかわされた天使に押しとどめられ、代わりにそこにいた雄羊を燔祭として神に献げた。

パウロはこのようなアブラハムを信仰の典型とみる。アブラハムは「およそ希望すべからざるときに希望をもって信じたのでした。それゆえ彼は『あなたの子孫はこのように（数多く）なる』と記されている通り、諸国民の父となったのです。そのときアブラハムはもう齢《よわい》百歳を数えて、からだの力も失せ、さらにサラの胎が不妊であると知りながら、その信仰は弱らず、不信仰に陥って神の約束を疑うことをしませんでした。それどころか彼の信仰は強められ、神は約束されたことを必ず成就する能力があることを確信して、神に栄光を帰したのです。それゆえ『彼の信仰が義と認められた』のです」（ローマ四18〜22）。

信仰による義認

さてアブラハムの信仰が義と認められた（創世記一五6）のは、旧約聖書の記述によれば、彼が契約の徴として割礼を受ける（創世記一七22～27）前のことであった。だからパウロは、信仰による義認は割礼の有無とは関係がない、と言うのである。そしてパウロにとって割礼を受けるとは、まさに律法全体へと義務づけられることと等しいのである。割礼は、パウロにとっては、契約の徴であるというより、むしろ律法全体を負っていることの徴なのである（ガラ五3）。だから、アブラハムが割礼以前に信仰によって義認されたということは、パウロの解釈では、まさに義認は神の約束への信によるということなのである。つまり義認は律法的行為の有無とは無関係なのである。だからパウロは事実、義認は律法とは無関係であって、信仰のみによる、と主張するのである（ローマ三21、28）。この意味で、律法を守れば神に義と認められるという律法主義自体が――キリストによる救済行為が成就せられたいま――、間違いとなった。信仰義認の道が開かれたいま、キリストは律法の終わりとなったのである（ローマ一〇4）。

エゴの克服

問題の中心はどこにあるのだろうか。くどいが再説しておこう。パウロ以前の原始教団の考えによれば、律法違反が罪なのであった。それゆえ人は神の義、つまりは神の怒りの前に滅びなければならなかった。しかしキリストの贖罪によって、それに基づいて、人には無罪宣告がなされるのである。人の罪責の事実は神の法廷では消滅したのである。

しかしそれだけのことであったら、人と神との関係はなお法的次元の事柄である。義と認められた人間は、死刑の判決を撤回してもらって、これからは罪を犯すまいとするだろう。あるいは逆に、キリストの贖罪が成就しているのだから、これからはもう何をやっても大丈夫だと考えることも、理屈としては可能である（ローマ六15参照）。前の場合、人はやはり律法の業に精励することになろう。自分で自分を監視しながら、自らの上に負った律法を義務として守ろうとするだろう。この場合、いったい人の行為の主体には転換が起こったのだろうか。ここでは依然として、主体はエゴであるままなのではないだろうか。たしかにこの場合、人はもはや律法的完全によって神から義認をかちとろうとは考えない。恵みによる赦しの道が開かれてはいる。しかし律法的生ということそれ自体には、何の変化も起こってはいない。超越者から生かされることを知らぬままの人間が、ほんとうには他人格に関心を持つこともなく、律法と自己との関係のみを考えて、生きている。

こうした生き方がなお、続きうるのである。神と人との間では、法的次元内で関係が変わったにすぎないからだ。どうしてそれが全人格の内奥からの転換と必然的に結びつきえようか。しかるにパウロが神の恩恵と人の信仰を言うとき、そこには全人格的なあり方の転換が語られるのだ。というのは、信仰とは、エゴイズムの否定・放棄だからである。律法の行為によって自分を立てようとする気持ちはエゴイズムから発しうる。律法を知り、守ることで神の前に自分の存在をたしかなものとしよう、自己の内容を価値あるもの（律法の知と行為）で満たそう、律法的行《ぎょう》によって自分を強くしよう、律法熱心において他人に優り、律法的に完全な自分――輝かしい義人としての自分――を眺めてよろこぼう。およそこうしたあり方はエゴイズムそのものであり、少なくともエゴイズムと結びつきうるものである。それが信仰において滅びるのである。神の恩恵への信仰とは、このようにして自分で自分を立てようとすること一切の放棄だからである。さらに信仰は「望むべからざることを望む」こととされる。たしかに信仰以前の自己は、信仰において何が起こるのか全く知らないのであるから、その人にとっては信仰の決断とは、それまでの自己の死を意味するわけである。それは律法の上に自己を立てようとしていた自己の死である。それまでは、神の啓示としての律法の上に、自己の存在と安全が成り立つものと確信していた。いま福音を受け容れても、律法から手を放したら、自分が果たしてどうなるか、まだ全くわからないでいる。その状況で信仰へと決断することは、まさに身の支え一切から手を放すことなのだ。それは自己の安全と存立を願う気持ち自身が崩落することなのである。

主体の転換　信仰というとき、それは以上のように、それまでのあり方への訣別、すなわちエゴの崩落である。しかし信仰には他面が、つまり積極面がある。それは、それまでは自分は自分のものだと考えていたのに、いまは自分をあのアブラハムのように神の働きに委ね切る、という面である。旧約聖書において「信じる」にあたる動詞は「ヘエミーン」であるが、その原意は、ただ「信じる」（他人の言葉を保証なしに受け容れる）に尽きるものではない。ヘエミーンの語根は、アーメンの語根、また「真理」と訳される語エメトの語根と同じである。この語根は、たしかなもの、きっと成就するもの、その成就を信頼待望できるものを意味する。こうして「アーメン」とは、「必ずそうなります」という同意と「必ずそうなりますように」という願いをあらわす。また真理《エメト》とは、歴史的現実の中に必ず成就すべきもののことであり、したがって神の言葉や約束や意志はエメトと呼ばれる。そして信じると訳される動詞ヘエミーンは、神は必ず歴史的現実の中に約束を成就する力と誠実さを持つと信じ、神に信頼し、さらにその成就に主体的に参与することを誓う意味である。「信ずる」とは、この意味で自己を神に委ねることなのだ。このようにして自己のはからいのすべてを棄て、自己を神に委ねること、それが信であり、この信はそれ自身が神からの贈りものであり（Ⅰコリ一二4参照）、神の行為であり、ゆえにエゴの否定滅却であり、ゆえに信において自己の主体の転換が起こっているのである。「私は律法（の生）を通じて律法に死んだ。私はキリストとともに十字架につけられた。もはや生きているのは私ではない。私の中でキリストが生きているのだ」（ガラ二19〜20）とパウロが言う所以である。信仰へと決断した主体は私のエゴではない。エゴは死んで、私に信の決断をさせたものが、私の中で生きる。旧い私が死んでキリストが私の中で生きている。それが私が私であるということだ。こうパウロが述べるとき、決定的なことは、それまで律法的生の主体であったエゴが滅びて、自己の究極の主体がキリストとなった、という事実なのである。ここで新しい生が生起する。それは個々の人を超えた深みから、内奥から成り立ってくる。それは「自然」でもある。もはや人為ではない、自力《じりき》ではない、生である。信仰の決断において主体の転換が生起する、ここに救いがある、というのがパウロの信仰義認論の核心なのである。パウロはたしかに「信仰が義と認められる」という言い方をする。では神と人との関係はやはり法的であり、キリストによって成り立った神と人との新しい契約関係の中で、依然として法的な意味で信仰が義と認められるのだろうか。つまり、信仰が神から法的に要求されているから、信仰に対して義認がなされるのだろうか。それはたしかにそうである。信仰はいまや神の求めるところである。律法の行ではなく、信仰こそが、キリストによって成り立った神と人との関係の中で求められていることである。契約関係の中で求められていることを果たすのが義なのだ。しかしこの場合、信仰が義だといっても、まさにここで人間の自己主張の一切が滅却されていることに留意しなくてはならない。信仰はエゴによる自己主張の否定であり克服である。自己を立てようとはかる自我《エゴ》の崩落である。このような自己主張の滅却が、義と認められるのである。だから信仰が義と認められるといっても、それは信仰が神に対して法的な権利の要求を可能にする、という意味では全然ないのである。この点はくどいほど強調しておかなくてはならない。

キリスト教と浄土仏教

このような「信仰」は何とよく親鸞《しんらん》の信心と似ていることだろうか。親鸞の場合も、煩悩《ぼんのう》具足《ぐそく》の凡夫《ぼんぶ》は自力では成仏できないのである。阿弥陀仏への信仰によって、浄土往生が定まるのである。

悠遠《ゆうえん》の昔、法蔵菩薩《ほうぞうぼさつ》が万人救済の願を立てた。そして五劫《ごこう》の思惟《しゆい》と兆載永劫《ちょうさいようごう》の修行を終えて極楽浄土を建設し、その報を受けて、阿弥陀仏という仏（報身仏《ほうじんぶつ》）となった。弥陀はそこから凡夫に信仰を呼びかける。その呼びかけに応じて南無阿弥陀仏と唱える者は、弥陀の誓願力の回向《えこう》を受けて、極楽往生が決定するのである。そして南無阿弥陀仏と唱える行《ぎょう》それ自体が弥陀の誓願力の回向によることであり、その意味で、この行の主体は阿弥陀仏そのものなのである。自力に死に、阿弥陀仏に帰命《きみょう》することによって、人の主体に転換が起こるのだ。彼の全存在を生かすものは、もはやエゴではなく、阿弥陀仏それ自身なのである。ここで一切のはからいが放棄される。仏の側からの生が成り立ってくる。

キリスト教と仏教の比較をここで詳説することはできない。ただ、浄土仏教には神の怒りと贖罪がない、といわれる点についてだけ触れておこう。それはたしかにそうなのだが、そもそも「神の怒り」とか「贖罪」とかいう概念がどこから成り立ってくるか、その座が問題である。それは共同体的思考なのだ。神と個人ではなく、神と民（共同体）の関係が基本的な枠組となっているところで、契約、律法、律法違反としての罪、贖罪、新しい契約というような共同体的・法的概念が成り立つのである。旧約聖書の宗教、ユダヤ教、キリスト教の内部でも、神と民との関係を法的にとらえる場合がそうである。

それに対して、新約聖書の内部にも、神と個人との関係を軸として、神学的思考が営まれる場合がある。後述のように、『ヨハネ福音書』の神学がそうである。パウロも後述のように、この面を併せ持っている。注意すべきことは、この場合は、キリストの十字架に贖罪の意味が付せられないのである。人の罪の中心は不信仰にみられる。換言すればエゴイズムに求められる。そして律法主義自体も、エゴイズムのひとつの形として、拒否される。だから律法違反の罪が最大の問題ではなく、キリストの十字架も贖罪の意味を持たない。そもそもここでは契約・律法を中心とする思考、神と民の歴史を問う思考がないのである。そして親鸞の場合——一般に仏教にはこの傾向が強いのだが——、問題は超越者と個人の関係であって、神と民の歴史ではない。実際、キリスト教と浄土仏教を比べる場合、後述の類型Bの神学（個人の救済を中心問題とする）と浄土仏教を比較すべきなのであり、この場合は、構造上の驚くほどの一致がみられるのである。

親　鸞

私達はカール＝バルト（一八八六〜一九六八。二〇世紀の代表的なプロテスタント神学者のひとり）のように、いくらキリスト教と浄土真宗が似ていても、浄土真宗はキリストを信じるのではなく、異なる神を信仰するのだから、偽りの宗教である、とは簡単に断定するまい。詳論はできないので（拙著『仏教とキリスト教の接点』〈法蔵館〉、参照）、結論だけ述べるが、キリスト教と仏教を基本的な考え方までさかのぼって比較すると、「キリスト」と「阿弥陀仏」は同じ超越者の別名だという解釈が可能となってくる。キリスト教はイエスとキリストを同一視した。つまりイエスが死んで甦って、霊的存在としての超越者となった、と考える。これは法蔵菩薩と阿弥陀仏の関係に似ているが、批判的に考察すると、第一部にも述べたようなわけで、原始キリスト教は、弟子達にあらわとなった「超越者」を、これはそれ自体としては普遍的な現実であるにもかかわらず、イエスの復活体と解してしまったのだ。そして私見によれば、それはイエスが「神の支配」とよび、それを人格化して「人の子」と称していた超越者と等しい。イエスは自分と「人の子」を区別しながら、自分の言行の究極の主体は「人の子」であるという自覚を持っていた（マコ二、八38）。それなのに原始キリスト教は、イエスと人の子、またイエスと「復活者」を、無差別に同一視してしまったのだ。

阿弥陀仏への信仰と、キリストへの信仰が極めて近い形をとってくるということは、右の解釈を支持する。つまり私達は、伝統的キリスト教の主張にもかかわらず、パウロと親鸞の信仰の対象は、実際的にも同一の超越的現実だと考えてよいのだ。こう考えたとき、私達は却って、相互に独立の宗教の深い一致のゆえに、両教が証しする現実のたしかさを認めうることとなるのではなかろうか。換言すれば、パウロの宗教は決して、狭い意味でのキリスト者だけにかかわることではないのだ。聖書と教会の神学とを、真理として受け容れる者にだけかかわることではなく、実はあらゆる人にじかにかかわる現実の証言なのである。

キリストからの生

浄土仏教の伝統にはぐくまれた私達は自力と他力、人為と自然、というような言葉を持っている。自力あるいは人為とは、私達の言葉でいえば要するにエゴの働きのことである。他力とは私達に及ぶ超越者の働きのことである。そして他力は決して他律ではなく、深い意味での自然なのだ。自然とは私達の思考や意見――自力のそれ――によらぬ、それよりも深い、生の直接性のことである。人為ではない生の、根源の営みのことである。深い意味での自己の欲するところである。だから生といってもそれは単に肉体的な生ではなく、全人格的な生のことである。肉体性というものはむしろその部分であり一面であり抽象なのである。キリストとは全人格的生の営みそれ自身だとさえ言えるのだ（「私にとって生きることはキリストである」ピリ一21）。パウロは言葉（律法の文字、IIコリ三6）の世界の事柄ではなく、生命の世界の消息を告げているのである。愛といい自由という。それは言葉や人為やはからいの世界を超えている。それはキリストに生かされる生の営みなのである。パウロがキリスト者の生き方として愛や自由を語るとき、それはもはや律法――つまり社会倫理や個人道徳――ではなくキリストに生かされる生の営みの事実を述べているのである。

Ⅲ　パウロ神学の構造と中心問題

律法主義（倫理）から宗教へ

信仰と義認の関係は重要なので、少しく後戻りして、さらに立ち入って考察してゆこう。つまり、なお法的思考を残しているキリスト宣教と、パウロの信仰との関係をさらにつきつめて検討しよう。

類型Aの神学

パウロが引用している原始教団の神学では、キリストの贖罪に基づいて律法違反の罪が赦されるのであった。するとこの神学は当然、イスラエルの民には律法が与えられていたという前提から出発していることになる。そして律法は神と民との契約に基礎を持つものであった。また前述の引用（Iコリ一五3以下）は、キリストの死と復活が預言の成就であり、すなわち神の意志の成就であることを語っていた。

他方、この神学はキリストの贖罪によって神と民との間に新しい関係が成り立ったことを告げている。この理解は、神と人との間に「新しい契約」が成り立ったという言表にあらわれている。そしてイエスこそキリストであるといわれるとき、「キリスト」とは前述のように終末時に現われる救済者・審判者なのである。ゆえにイエスこそキリストであるという告白は既に、次のような待望を含んでいる。すなわち死んで復活したキリストは、やがて来たるべき終末のとき、天から再度地上に現われて審判を執り行なう、という待望である。

するとパウロ以前、またパウロと並んで、原始キリスト教団には次のような骨格を持つ神学があったことになる。以下それを略述してみよう。括弧内はパウロ以前の原始教団のキリスト宣教をパウロが引用していると思われる箇所である。

神はイスラエルの民を選んでこれを神の民とする契約を結び、神の民が守るべき義務として律法を与えた。神の民は律法を守ることによって神に義と認められるはずなのである。しかし民は律法を守らず、これを破って罪を犯した。しかし神は民との共存の意志を放棄せず、民を救うことを欲し、預言者を遣して悔い改めを求め、また来たるべき救済を告知させた。

いまやこの預言は成就してイエス・キリストが到来した。彼は「人間的側面からいえばダビデの裔、神的・霊的側面からいえば死者の中から復活せしめられたことにより、神の力によって神の子と定められた」方である（ローマ一3〜4）。すなわち「キリストは聖書の預言通り、私達の罪のために死に、葬られ、聖書の預言通り三日目に甦り、ケパ（ペテロ）に現われ」、そののち一二人（使徒）に現われた（Iコリ一五3〜5）。すなわちキリストの贖罪は、神の義を明らかにするための、ほかならぬ神御自身の行為だったのである（ローマ三24〜25参照）。

ここに神と民との間に新しい関係が成り立ったのである。もはや人は律法違反の罪を問われ、滅ぼされることはない。それはイエス自身も明らかに語った通りである（筆者註。原始教団はこのように信じていた。しかし厳密には歴史のイエスが自らの死を贖罪として理解し教えたことはないし、以下の伝承も史実ではなくて教団のキリスト信仰を反映するもの、つまり教団の神学を示すものである）。すなわち「主《しゅ》イエスは（敵の手に）渡される夜、（弟子を集めて）パンをとり、（弟子に配るため）感謝してこれを裂いて言った。『これは君達のための（贖罪として献げられる）私のからだである。（これからのち）私を追憶するため、このように（パンを裂いて食べることを）行ないなさい』。食事のあと、杯をも同じようにして言った。『この杯は私の（流す）血による新しい契約である。飲むたびに、私を追憶するため、このように行ないなさい』」（Ⅰコリ一一23〜25）。

こうして新しい神の民が成り立つ。これはイエスをキリストと信ずる者の集まり（教会）であり、教会はキリストを追憶し記念するとともに、すみやかに終末となってキリストが来たりたもうことを願い「われらの主よ、来たりませ」（Ⅰコリ一六22）と叫ぶのである。

以上のように、イエスの死を律法違反の罪のための贖罪とする解釈を中心として、イスラエルの選びから来たるべき終末に到る神と民の歴史を語る神学を、私は類型Aの神学（略して神学A）と呼ぶことにしている。

パウロにおける神学A

さてパウロが右のような神学Aを原始教団と共有していることは明らかである。というのは、パウロは単に原始教団の共有財を引用しているだけではなく、同じ趣旨のことを自らも語っているからである。それは何といってもパウロ神学の重要な一面を示すものであるから、それを以下にパウロ自身の言葉に沿って述べてみよう（以下聖書本文は解説を交えて意訳してある）。なおパウロが律法違反の罪をユダヤ人だけではなく異邦人にも及ぼしている点に注意せられたい。

イスラエルの民——それには何という特権が与えられたことでしょう。神の子たるの地位も、神の民としての栄光も、もろもろの契約も、律法を与えられたことも、神を拝することも、救いの約束も、すべてもともと彼等のものであります。アブラハムをはじめ選ばれて神と語った父祖達を持ち、また肉について言えば、キリストもイスラエルの民から出たのです（ローマ九4〜5参照）。

しかしまさに律法が与えられていればこそ、イスラエルの民は律法によって審かれることになるのです。律法を聞く者が神に義と認められるのではなく、律法を行なう者が義とされるからなのです（ローマ二12〜13）。すなわち律法を行なった者が生きるのです（ガラ三12）。神は人にその業《わざ》に従って報いられるからです（ローマ二6）。

しかるに人は律法を守らず、律法に叛いて罪を犯したのです。それはなにもユダヤ人に限られたことではありません。異邦人（前述のように非ユダヤ人を総称してこういう。その代表はギリシア人である）は律法を持っていないとはいっても、本性上やはり律法の定めを守るものだからなのです。こういう人達は律法を持たずとも自らが律法なのです。彼等の振舞いは、その心の中に律法が刻み込まれていることを示すのです。実際、彼等の良心は律法と同様に行為の善し悪しを弁別し、その心の中では、さまざまな思いが、あるいは自らの行為を責め、あるいは自らの行為を自らの良心に対して弁明している。これらのことは異邦人の心の中に神の定めが書き記されていることの証明ではありませんか（ローマ二12〜15参照）。

しかし結局はユダヤ人もギリシア人も等しく罪のもとにあるのです（ローマ三9）。ユダヤ人もギリシア人もそれぞれの仕方で律法を持ってはいても、それを守らず、罪を犯したのです。誰も律法を行なうことによっては神に義と認められないのです。むしろ人は律法によって己が罪を知るのです（ローマ三20）。こうして人はすべて死ぬべき定めのもとにあることになるのです（ローマ一32）。

しかるにいまや律法とは無関係に神の義があらわされたのです。そしてこの義はほかならぬ聖なる書、律法と預言の書（旧約聖書）の中に証しされているのです。人はみなひとり残らず罪を犯したので、もともと人に与えられたはずの栄光をまとって神の前に立ち神に義と認められることが、できなくなっているのです。

しかし人はキリスト・イエスによる贖いにより、無償で、すなわち神の恩恵によって、神に義と認められるのです。神は罪ある人を罰して滅ぼすことをせず、人との共存を欲し、キリストを立てて、彼が十字架で流した血により、人の罪の贖いとしたのです。それはほかならぬ神の義を明らかにするためなのです。というのは、神はこれまでは人が犯したもろもろの罪咎に対して決定的な審判と罰を下さずにおられたので、神の義はかくれているかのようにみえたのですが、実はそれは神の忍耐のゆえだったのです。しかし今というこの時に、人の罪をそのままには放任しない神の義が明らかに示されたのです（ローマ三21〜26）。

イエス・キリストは復活し（Ⅰコリ一五4、ローマ四25）、イエスの血によって神と人との間に新しい契約が結ばれ（Ⅰコリ一一25）、こうして新しい共存関係が成り立ったのです。だから私達には希望があるのです。私達がいまキリストの血によって神に義と認められた以上、まして最後の審判の日に神の怒りから救われないことがどうしてありましょう（ローマ五9）。

やがて臨む終末の日、主は再び来たりたもうのです。そのとき私達信徒の中には既に死んだ人もあるでしょうし、生きて主の来臨を迎える者もあるでしょう。しかしもし私達が、イエスは死んで甦ったことを信ずるなら、神は同様に、イエスを信じたまま死んだ人をイエスとともに甦らせることになります。私達はあなた方に主の言葉として申しますが、生きながらえて主の来臨の時まで残る私達が、死んだ人達より先に主に会うことはないのです。合図の号令一下、天使のかしらの声と神のラッパの鳴りひびく中に、主御自身が天から下ってこられるのです。そしてまずキリストにあって死んだ人達が甦り、それから生き残っている私達が、彼等とともに雲につつまれて引き上げられ、空中で主に会うのです（Ⅰテサ四14～17）。そのとき私達のすべてはキリストの審判の座の前に出なければならないのです。各人が、善であれ、悪であれ、みずからの人格においてなしたことに対して、そのむくいを得るためなのです（Ⅱコリ五10）。審きの日に、各人の業《わざ》がどんなものであったか、火がためすでしょう。キリスト者にしても同様で、もしある人の建てた仕事が焼けずに残るなら、その人は報酬を受けるでしょう。もしある人の仕事が燃えてしまうなら、その人は損失を蒙るでしょう。しかしその人自身は、火の中をくぐるようにしてではあっても、救われるでしょう（Ⅰコリ三13～15）。

アダムの裔《すえ》としてアダムのように罪の中に生きた者すべては死ぬのです。両者が運命を同じくするように、キリストを信じてキリストと結ばれた者はすべて生きるのです。但し各人にはその順序があります。まずキリストが甦ったのですが、それからキリストの来臨のときにキリストに属する者が甦るのです。それから終末が来ます。そのときキリストはあらゆる（悪の）支配と権威と力を打ち滅ぼして、支配権を父なる神に渡されるのです。というのは、キリストはすべての敵を征服しおえるまで、世界を支配することになっているからです。最後の敵として滅ぼされるのが死なのです。……万物がキリストに従ったとき、御子キリスト御自身は、万物を彼に従わせた方（神）に従うのです。それは神が一切において一切となるためなのです（Ⅰコリ一五22〜28）。

神学Aの意味と限界

このような神学は現代の私達に何を語りかけるだろうか。現代の私達が右のようなキリスト宣教の全体をそのまま受け容れることは大変にむずかしいと思われる。パウロ当時のユダヤ人にとっては、十字架につけられて死んだキリストが救世主《メシア》だということ、イエスの死によって私達の罪が赦されるということは大変に受け容れ難いことであった。十字架上で刑死するような人間は神の子どころか、神に呪われた者だというのが通念だったのである（ガラ三13参照）。パウロはまさに、キリストは私達に代わって神に呪われたのだから、それによって私達は神の呪いから救い出された、と主張するのである。しかし多くのユダヤ人はそうは考えなかった。

現代の私達には、神と人との契約や律法という前提を受け容れることがそもそも困難である。それは私達の伝統の中に客観的事実として、また民族の合意事項として、与えられているものではない。パウロは律法を拡張解釈して、異邦人の心の中にも律法は刻み込まれているとする。このようにして、あらゆる人が律法に義務づけられていながら、しかも律法を破ったので、神の怒りのもとにおかれていると言う。

ここで律法はすぐれて倫理的なものとなっている。律法には祭儀の規定や農耕の規定も含まれているのだが、それらはこの際問題外である。パウロによると、一般に道徳の根柢には神の意志がある。道徳は神の命令なのであり、良心はそのことを知っているはずである。ゆえに道徳を破った人間はすべて神の怒りの対象である。パウロはこう告げるのだ。そして罪人は、ユダヤ人もギリシア人も、イエスの贖罪により、神の怒りから救い出されるのだと言う。

このような主張は、たしかに万人の胸にひびくものを蔵しているといえよう。だからここで、私達はとにかくパウロを理解するよう、努めてみよう。誰もが良心の咎めを知っている。そして良心の働きは、人間が人間であることの本質的な部分をなしている。人は社会的存在であり、犯すべからざるものとして社会の秩序に義務づけられていながら、しかも個々の人は社会の掟を破ることのできるものである。さて人は言葉を語る存在として、事物を対象化することができる。何かについて語るとは、それを公共的対象として、誰にでも通ずる言葉を語ることである。こうして言葉を語る人間は、自分自身をも対象化することができる。自分自身を眺めることができる。つまり自己の行動を社会的規範に照らし合わせて制御することが可能となっている。良心は、このような構造の中に位置づけられている。そして社会的存在としての人間は、恐らくは高度の文化に到達する遙《はる》か前から、社会の掟に反することを厳しく禁じられていたのだ。それへの違反は容赦なく罰せられたのだ。そしていつとは知れぬ、遙か昔から、人が掟へ違背したときは、良心自身が罰への要求を持つようになっているのだ。良心自身の中に刻み込まれた、いわば良心の本性として、自分の罪を知る良心は、恐怖しながら罰せられることを欲しているのである。

罪責感の苦悩とそれからの解放

罪の自覚は深く、人格の中心部を脅かす。社会的な罰を受けなくても、人は自己の良心の痛みを逃れることはできない。社会的存在としての長い長い歴史を負う人間は、良心の痛みの底に、個人の意識を超えるものからの咎めを感じているのである。この咎の意識は神の怒り（ローマ一18）という表象に反映していると言えよう。ここには社会的存在としての人間と、個人的存在としての人間の二面が深くからみ合っていることがみられるであろう。良心が自己を律しようとするとき、その規範はまずは社会的な掟である。しかもその掟は良心に内在化してゆく。するとそれはもはや単なる他律的な規範ではなく、自己が受容し意志し、自発的に自己を律する規範となっている。そこには既に、単なる社会性ではない要素が含まれてくる。良心の営みというものは、ここでは既に自己と自己との関係、すなわち自己を監視する、いわゆる超自我《スーパーエゴ》と、監視を受ける自我《エゴ》との関係に転化しているのだ。

前述したようなパウロの宣教は、このような良心の苦悩を負う人間に語りかける。そして前述のキリスト宣教を受容する人は、良心の責めと罰への恐怖から解放されるのである。それは良心の苦悩に対しては、赦しと慰めの福音なのである。

宗教的生への転換

ここにはさらに立ち入って検討すべき事柄がある。前述のキリスト宣教は、まずは社会的存在としての人間の罪責にかかわっているのである。つまり律法は個人にとっては客観的な現実であり、律法違反に対する罰も、彼の外から来る客観的な現実である。それに対してキリストの十字架による贖罪ということも、それを彼が受け容れる限り、彼の外で生起した客観的事実であり、それに基づく神の無罪宣言も客観的現実である。

彼には無罪が宣告され、罰が免除されたのだ。ゆえにやがて来たるべき神の国に入ることが許されたのである。もし事柄がただそれだけのことであれば、なるほど当人は犯した罪に対する良心の咎めからも、来たるべき罰への恐怖からも解放されるであろう。しかしそれだけではまだ生き方の転回は必ずしも起こってはいない。彼が罪の赦しに感謝して、新しく道徳生活へと決意したとしても、道徳的行為の主体は、以前と少しも変わらぬままのエゴでありうるのだ。道徳の営みは、人格の深みから生かされる生を知らぬままの営みでありうる。それは社会的義務を負う、超自我の監視下の自我の事柄、つまり単なる意志の事柄でありうる。超越者また他者とのかかわりの事実に即した、人格の生の内側からの意欲や自然とは言えぬものでありうるのだ。もしそうであるなら、そのような生き方は、倫理的ではあるかも知れないが、まだ宗教的ではない。宗教は倫理より深く、これを生かす力にふれていなくてはならない。

もともとは上述の形のキリスト宣教といえども、決して倫理だけでよいと言っているのではない。キリストが死んで甦ったと語りえたのは、あらわとなった超越者の働きに接してこれを自覚したからこそなのだ。ということは、キリスト宣教の受容は、それ自身がまさにエゴの崩壊、滅却であるはずだ、ということである。キリスト宣教を受容するとは、超自我が自己を社会的規範で規律しようとするあり方自体が非本来的であった、という理解を含んでいる。超越者の働き（深みからの生）に無自覚なまま、それを知らぬまま、自己を社会的規範で律しようとするとき、そのような営みの主体は、実は私達の意味でのエゴでしかない、ということを意味している。キリスト宣教の受容は、もともとそのような律法主義的エゴの立場の放棄を要求しているのである。

宗教的生の構造

この点を明瞭にするのがパウロなのである。キリストの贖罪は、神の側での客観的事実である。無論パウロは、それを主張している。しかし単にそれだけのことであれば、贖罪は人間の思いや努力とは全く無関係に、人がそれを知ろうと知るまいと成り立っている法的事実であって、人の生き方にかかわってくるものではない。超自我と自我という関係からみても、なるほど人の良心は罰の恐怖から解放されるであろうけれど、だからといってそれだけで必ずしも、超自我が自我を規制しているという構造が破れるわけではない。

しかし贖罪の受容ということには別の事柄が含まれている。つまり十字架につけられて死に、復活したイエスをキリストと信ずる信仰の中には、社会的規範で超自我が自我を律しようとする構造の否定が含まれている。もっと厳密に言うと、超自我が社会的規範で自我を律するところに、人間の本来性の成就があるという人間理解の放棄が含まれているのである。ここに宗教が宗教であって文化ではない所以があるのだ。宗教は、超自我が自我を規律するという構造は人間のあり方の真の深みに届いていない、と言うのである。この構造では、人間本来の生き方は失われてしまう、と言うのである。そうではない、もっと深い生がある。超自我が人間の究極の主体なのではない。超自我が人間の理想像を押し立てて自我をこれに合致させようとするとき、それは一見エゴイズムの否定克服であるようにみえながら、事実は、自己が自己を眺めるという構造でエゴイズムと一致する。それは変形されたエゴの営みにすぎない。そのようなエゴはほんとうの生を知らない。この意味で死んでいる。

パウロが「信仰」という面を明瞭に取り出して、人は信仰によって、あるいは信仰を通して、神に義と認められる、信仰が神に義と認められる、というとき、パウロはまさにこのことを言っているのだ。キリストを信ずるということは、超自我で自我を規制しようとする自我の機構の滅び、この構造の破れ、「自力」の立場の崩壊、つまりエゴの放棄を意味するのである。すなわち律法主義の克服なのである。

このとき自己の主体の転換が起こるのだ。自己のうちに自己を超えたキリストの働きがあらわとなるのである。いまや旧い自己が死んで、キリストが自己の中で生きる。私が私であるということは、キリストの働きの中で新しく成り立ってくるのである。「誰でもキリストにあるなら、新しく創られた者です。旧いものは過ぎ去ったのです。ごらんなさい、新しくなったのです」（Ⅱコリ五17）。

死んでいた人格が生き返ったのである。パウロはそれを「聖霊を受けた」と言い表わす。信徒は神から出る霊を受けたのである（Ⅰコリ二12）。それは信徒を神の子たらしめる霊なのである（ローマ八15）。信徒の中には神の霊が宿る。ゆえに信徒は神の宮なのである（Ⅰコリ三16）。聖霊は人を生かす（Ⅱコリ三6）。聖霊の実は愛であり（ガラ五22）、主の霊のあるところ自由がある（Ⅱコリ三17）。

神・キリスト・聖霊と信徒の関係は後述しよう。ここで留意したいのは次のことである。信徒の生は、律法主義の生――その内実は生ではなく死というべきものである――とは質的に違うということである。「文字は殺し、霊は生かす」（Ⅱコリ三6）。信徒の生は、超自我が律法でもって自己のあり方を律する、というようなものではない。いまや、愛は聖霊の実として成り立ってくる。すなわち、人を愛するということは、人格的生の営みそれ自体なのだ。そして愛こそが律法を全うするのである（ローマ一三8）。いまや行為は単なる形、むしろ形骸ではない。行為にはいわば血が通い出すのである。それまで行為はいわば義務であった。内実を欠いていた。律法を神の意志と認めるといっても、それはやはり外から与えられたものであり、内から溢れるものがとる形ではなかった。行為は、超自我と自我の関係の中で成り立っていた。真に隣人を愛し、愛するがゆえの隣人のための行為ではなく、隣人はいわば純粋に法的な行為を発動させる条件にすぎなかった。こうして却って律法の要求は、霊によって歩く信徒において満たされるのである（ローマ八）。

律法主義の本質と克服

律法主義の罪

パウロのキリスト教は決して道徳教ではない。キリスト教は往々にして新しい、高い道徳の教えと誤解された。儒教的伝統の強い日本の明治期に、ピューリタニズム的キリスト教がアメリカから伝えられたとき、たびたびこのような誤解が起こった。しかしキリスト教はもともと道徳ではない。もちろんパウロのキリスト教も同様である。パウロはもともと、放縦な生活に溺れていた不道徳な人間に神の怒りと審判を説き、道徳的生活へと悔い改めさせたのではない。たしかに原始キリスト教の宣教にはこのような要素があった。しかしパウロの最もパウロ的なところは、道徳的生への悔い改めを説いたところにはない。パウロ自身、パリサイ人として律法の業に精励したとき、放縦で不道徳な生活とはおよそ反対の極にいたのである。彼の特色は、むしろ律法主義の問題性を明らかにしたところにある。律法主義が人格を殺すものであることを洞察したところにある。これはパウロを理解しようとするとき、よくよく留意すべき事柄である。パウロは律法主義が罪であることを、当時の誰にもまさって明らかに見抜いたのだ。だからこそパウロの宗教はもはやユダヤ教の枠内にはとどまりえないのである。

『ローマ人への手紙』第七章　この点を最も明瞭に語っているのはローマ七7以下である。少し長いけれども全文を引用してみよう。

「ではどうなのでしょう。律法は罪なのでしょうか。とんでもないことです。とはいえ、律法がなかったら、私は罪を知らなかったことでしょう。というのは、もし律法が『貪るな』と言わなかったら、私は貪りを知らなかったことでしょうから。罪は律法の戒めをきっかけに用いて私の中にありとあらゆる欲望を起こさせたのです。律法のないところでは罪は眠っているのです。かつて私は律法のないところで生きていました。戒めが（私のもとに）来たとき、罪は生き返り、私は死にました。生命に到らしめるはずの戒めが、実は死に到らせることがわかったのです。

罪は戒めをきっかけとして用い、私を欺いたのです。ですから律法は聖であり、戒めも聖であり正しく善なのです。では善いものが私に死をもたらしたのでしょうか。とんでもないことです。罪が、まさに罪であることがあらわとなるため、善きものを用いて働き、私に死をもたらしたのです。それは罪が戒めを悪用して、ほんとうに罪深くなるためなのです。私達が知っている通り、律法は本質上霊的なものなのです。それに対し私はただの分別的人間であり、罪に売り渡されているのです。私には自分が何をやっているのかわかりません。私は、自分が欲することを行なわずに、自分が憎むことをしでかしているのです。もし私が、自分の欲しないことをしでかしているというなら、つまりは私は律法が善いものであることを認めていることになります。するとこういうことをしているのは、もはや私ではなく、私の中に宿る罪だということになります。私は私の中――つまり分別的我の中――に、善は宿っていないことを知っています。私には善を欲することはたしかにあるのですが、それを行《ぎょう》ずることはないのです。私は自分が欲する善は行なわず、欲しない悪をしでかすのです。もし私が欲しないことを行なっているとすれば、それを行じているのはもはや私ではなく、私の中の罪なのです。とすれば私はこういう現実を見出すのです。すなわち善いことを欲する私には悪がまといついているということなのです。私は内なる自己の側では神の律法をよろこぶのですが、私の肢体には別の現実があって私の理性の現実と戦い、私の肢体の中にある罪の現実の中に私を虜にしてしまうのを見るのです。私は何と惨めな人間でしょう。この死のからだから私を救ってくれるのは誰なのでしょう――私達の主イエス・キリストゆえに神に感謝します――。こうして私自身は心では神の現実に仕え、分別的自己としては罪の現実に仕えているのです」。

ローマ七の解し方

この古典的な箇所は、解釈上さまざまな問題を投げかけている。一読して明らかなように、右の文の主語は一人称単数で、動詞の時制《テンス》は主として現在である。いったいこの「私」とは誰のことであろうか。古代教会の教父達はこれを回心前のパウロの罪体験を述べたものと解したが、アウグスティヌスはこれをキリスト者パウロの罪の告白とみた。宗教改革者もこの理解を受け継ぎ、現在でもカール＝バルト等はそのように理解している。

しかしローマ八をみると、パウロは明らかにキリスト者は罪の支配から解放されていると高らかに述べているのである。ローマ四、ガラテア五16以下も同様である。だから私達は、キリスト者パウロはなお罪の支配下にあり、その虜《とりこ》になっている、と解することはできない。

それゆえローマ七は信仰以前の人間のあり方を述べていることになる。するとこれは、回心以前のパウロがパリサイ人としての自分の罪の状態を回顧しながら、自伝風に自分の体験を記しているのであろうか。しかしパウロはガラテア一14、ピリピ三6で、自分は律法の熱心においては同輩にひけをとらず、律法を守ることにかけては何等落度がなかったと語っている。私達にはその主張を疑う理由はない。それだけではない。右に引用した文の中で、パウロはかつて律法なしに生きていたが、戒めが来るに及んで罪が生き返り自分は死んだ、と言っている。これも自伝的記述としては受け取り難い、と一般に考えられている。というのは、ユダヤ人は少年期といえども無律法ではなかったし、また「死んだ」という場合も、単に精神的な死が意味されているとは思えない、というのである。

それで現代新約学の通説として、右に引用したローマ七7以下の文は、律法のもとに置かれている人間、すなわち信仰以前の人間のあり方一般を救われた人間の立場から解明しているのだ、と解されている。この解釈が結局はもっとも正しいのである。ただひとつの問題は、現代新約学が、ローマ七での「私」は、パウロ個人かそれとも自己一般かと二者択一的に考えている点にある。すなわち私とはパウロ個人か、さもなくば自己一般かであり、一方でなければ必ず他方だ、と前提してかかっている。ところが実は、パウロの文章をよく検討してみると、パウロの「私」は同時に「私達」と含み合い、重なり合ってゆくのである。「私」とは、パウロ個人のことでもあり、また自己一般のことでもある例がみられる。たとえばガラテア二15～20で主語は「私達」から「私」に移行し、その間に特に意味の違いは認められない。また彼がIコリ一三3で「私が自分の全財産を施したとしても……私に愛がなければ一切は無益である」と言うとき、この「私」は単にパウロ個人のことでもなくまた単に自己一般のことでもない。そこには両者の含み合いを見るべきであろう。

それゆえ、ローマ七7以下でも、「私」にはパウロ個人と「私達」あるいは「自己一般」とが重なり合っているものと解せられる。この叙述は単なる自伝ではありえないし、といって単に自己一般の分析でもない。律法のもとに置かれた自己一般の分析と記述の中に、パウロ個人の体験が深く反映しているとみるべきであろう。だからこの記述の中にパウロ個人の体験を読み取ることもできよう。たとえば「戒めが来たとき」と言われるその意味は、パウロが単に一少年として律法に義務づけられていたときのことではなく、パリサイ人として律法の行への精進を自覚的に択びとったこととと解されるであろう。その前にもたしかにパウロにとって律法は存在したであろうけれど、それと、律法主義者としての自覚的精進への出発とは、やはり区別すべきであろう。さらにそのとき「私は死んだ」と言われるのも、これは現代人には理解しがたいことであるが、パウロは個々の人の死の運命を、決して生物学的必然だとは考えていない。誰でも、罪を犯すときに死ぬようになるのである（ローマ五12後半）。

ローマ七は何を描くか

さて、それではパウロはローマ七7以下でいかなる状況を描き出したのであろうか。ここで「私の欲する善はこれをなさず、私の欲しない悪はこれをなす」と言われているところから、パウロは止《や》めよう止めようと思いながら心ならずも何か不道徳な行ないを止められなかったのだ、というふうに理解されることがある。しかしパウロは前述のように律法を守る点で落度はなかったと明言しているのだから、心ならずも繰り返し律法違反に陥ったとは思えない。とにかく注意すべきことは、ここでの問題は一見そうみえるような、意志と行為の分裂ではない、ということである。ここで語られていることはむしろ、律法を守ろうと努めていると、全く意外にも、律法を行《ぎょう》じている当の主体はあろうことか罪になってしまっているという事実なのである。ここで「罪」は単数で書かれていて、ゆえに律法違反のことではなく――これは複数で示される――、罪の力、働きのことであることが明らかである。するとローマ七7以下の主題は、律法の行《ぎょう》の主体はまさに罪であり、律法的行為は、罪の働きになりおわっている、という事実なのである。パウロは回心後、罪の力から救い出されたとき、そこから見て、このことをはっきりと洞察したのであった。

パウロは、繰り返すが、「私の中にキリストが生きている。それが私が私であるということだ」（ガラ二20）と言う。これが人間本来の構造なのである。さてキリストから生かされている私をパウロは「うちなる人」と呼ぶ。それに対してふつうの意味での私、個我としての自己、律法に従って善悪を分別し、超自我が自我を監視するという仕方で考え行動している自己、この自己のことをパウロはローマ七では「私」と表現している。これを「分別的自己」というように言ってもよかろう。さてこのようにして「うちなる人」からみるとき、律法は「霊的なもの」なのである。その意味はこうである。人は本来律法に基づき、律法を根拠として行動するのではない。人間はキリストから生かされていて、キリストの働きに基づいて生き、行動する。生きること自体、キリストの営みなのである（ピリ一21）。すると律法とは、もともとこのような生がとる形を述べているのである。「愛は律法を全うする」とパウロが言うとき、キリストからの生が愛としてあらわれ、それはおのずから律法が記している形をとる、ということである。他人を傷つけ損なうことなく、他人の本来性成就のために、つまり他者の全人格的な本来性成就のために、すすんで働く、という形をとる。「このようなものを否定する律法はない」（ガラ五23）のである。この意味で律法は聖であり正しくまた善であり、「うちなる人」は律法の定めに共感し、これをよろこぶのである。律法の根柢には、肉の眼にはみえなくとも、神の意志がある。それと「うちなる人」が共鳴するのである。それがあらわに自覚されたとき、人々に共同体の一員としての本来的生が可能となる。このような「うちなる人」は、人が神とともにある限り、つまり生まれる前から神の恵みのもとにある限り（ガラ一15参照）、あらゆる人のところにあると言えるのだが、それは信仰以前にはかくされている。覆われている。生きて働いてはいない。だから「うちなる人」が律法に共鳴するといっても、それがほんとうにあらわとなるのは、信仰的生においてである。それ以前は、人は生を求めて律法の行に励んで、却って律法主義の罪にまきこまれてしまう。その限り、「うちなる人」から生きるべき「私」は、決して生きてはいない。

死なる生

人が律法主義者となるとき——つまり自覚的に「うちなる人」から生きることを知らぬまま、律法を規範として受け容れ、律法を守ることによって義人とされるものと思い込むとき、つまり律法を自らの内容とした超自我が自我を監視し規律するという仕方で生きはじめるとき——「私」は既に死んでいる。右のような構造を持つあり方から出てくるものは、自分が自分自身また他人にどう見えるかを気にする自意識であり、それゆえまた必然的に虚栄であり演技である。このような仕方で自己を眺める者はきっとエゴイズムの罠に落ちる。自分が自分（超自我）に、また他人にひいては神に、どう見られるかということが第一の関心事となってしまう。キリストから生かされず隣人に愛を感じていないままの自己が、律法的完全という理想像を自己に課して、それになろうとする。律法的義人の輝かしい姿――それは社会的にも賞讃の的なのだ――が、本来的生を約束し、自分を誘惑する。人はこのようにして律法的完全を成就することで、永遠の生命に与り、社会から名誉と賞讃を受け、権力また権威の地位につき、自分の輝かしい姿をみて自惚れ、誇りたいと思う。このあり方、これは――本質上まさに――エゴイズムそのものだ。たしかにこのような人は放縦や我儘や勝手放題で不道徳を働く人間ではない。律法の行という点で落度はない。どこから見ても立派で非難の余地のない人間にみえる。いや、事実、社会的にはそういう人間である。ところが「うちなる人」があらわとなったとき、そこからみると、このような律法主義的人間の主体は、キリストから生かされる「うちなる人」ではなく、結局は「キリスト」ではなく、あろうことか「罪」なのだ。だからこの道をいくら歩いても、木に登って魚を求めるたとえのように、決して本来的生に到ることはありえない。

パウロの場合

パウロは律法熱心であったという。同輩の誰と比べてもひけをとらなかったという（ガラ一14）。ふつうこの記述は、パウロがいかに律法の行に欠けるところがなかったか、その証明と受け取られる。しかしパウロはここでふと、彼が律法の行に精進していたとき、いつも自分を眺め他人と比べていたことを洩らしているのだ。いったい、まさに自己の存在と意味そのものを構成すると考えられている事柄において、それゆえ人が全精力を傾注している事柄において、自分を眺め、自分を他人と比べるようなことをしたら、外にあらわれた振舞いはどうあれ、その人の心の中はどういうことになるだろうか。嫉妬や優越感から自由でありえようか。このような人間の律法熱心はそれ自体が、自我《エゴ》を立てることへの「貪欲」ではないのか。実際キリスト者パウロは、もはや決してこのような仕方で自分を眺めることをしないのである（Iコリ四4。原文の意味は、自意識的な仕方で自分を眺めない、ということである）。

パウロは、事実右のようだった、と認めるのである。罪が私を欺いた。罪は律法を守れば本来的生に到達できるのだ、と教え込んで、「貪るなかれ」という戒めを守るよう誘った。私は本気になって律法を守ろうと努めはじめた。ところが、あとで気が付いてみたら、律法的完全を求め、律法の行に精進するその熱心そのものが、自我《エゴ》が自力によって自我《エゴ》を立てようとする貪りだったのだ。神の前にも人の前にも非難の余地のない人間になろうとする気持ちがそれであった。だから律法に精進すればするほど、こと志に反して、自分は本来的生から遠のいていった。そのとき自らはそれと知らず、自覚もしていなかったが、「うちなる人」は律法をよろこび、律法が本来的生の表現となるような、そういう生に生きることを求めていた。しかしキリストを知らなかったとき、「うちなる人」も決してあらわな形で生きてはいなかった。むしろその願いは、当時は全く倒錯したあらわれ方をした。それはキリストにあって、救われたいま、はじめて明らかになったのだ。すなわち生を求めての律法主義的行の結果、そこに成就されてくるものは、まさに本来的生とは正反対のもの、私の決して欲しない悪、つまり死だったのだ。だからこのような私は、分別的知性では神に仕えているつもりだったのに、生の事実としては罪の力に仕えている。以上が、救われた立場から振り返ったとき、パウロに明らかとなった、律法主義的生（むしろ死）の事実だったのである。

律法主義と現代

律法違反だけが罪なのではない。律法主義が罪なのであって、そこでは罪（エゴ）が律法の行の主体となっている。「それを行じているのはもはや私ではない。私の中に宿る罪だ」（ローマ七17、20）とパウロは語るのである。

この洞察は現代の私達にも示唆するところ極めて大ではなかろうか。なるほど現代社会では価値観は多元的であって、誰しもが善いと認める、いわば唯一絶対の価値尺度は存在しない。道徳的完全が人間の理想だとも思われていないし、そもそも道徳といってもその内容は一定しない。だからまた、道徳的な人間がまさにそれゆえに社会から高い評価を受け、重要な地位につくということもない。現代は道徳より能力を重んじている。既成の道徳に従うより新しい価値の創造を重視している。道徳は自己を律するためのものではなく、むしろ他人を非難する道具に用いられているようにさえみえる。このような状況にあって、私達はパウロとは甚だ遠い世界に暮らしているようにみえる。

それでも倫理的価値の尺度はないわけではない。民主的秩序の侵犯、暴力、不正はやはり厳しく糾弾される。また今日私達が、誰か特定の人に悪いこと、ひどいことをしてしまったという悔いや責めを重く感じて苦しむことは、現代の状況の中でも、いや現代の状況の中であればこそ、稀ではない。この意味での罪の自覚はないわけではない。

しかし社会的な価値尺度からみて完全ではないからといって、それで自己の存在全体が根本から揺らぐということは、いまではあまりないのではなかろうか。それゆえ、律法違反を罪と考えて、自己の不道徳ゆえの良心の苦しみの解決を求めるということは、比較的少ないのではあるまいか。確乎《かっこ》とした客観的な道徳律がない以上、それへの違反を、自己の存在全体を根本から脅かす危機と感ずることも、ないのではなかろうか。また実際、その必要もないのではあるまいか。するとパウロが私達に提起する問いはまさに次の点にあることになる。それは、一般に反価値をしりぞけ価値を求める行動、自分を価値あるものとしよう、自分の内容を価値で満たそうという努力、このような一見何の問題もない、甚だ結構な営みが、実は非本来性である、エゴイズムに蝕まれている、という洞察である。それが何であれ、一定の価値を択びとり、それを尺度として超自我が自我を監視し制御する、自己を鍛え高め充実させようとする、そのようなあり方一般が全体として非本来性の中にあるという洞察である。それは道徳的文化的営為一般について言えることである。いや、自分のからだを強くしようとして――からだの自然を無視して――からだを鍛えようとする営為についてすら言えることである。そのようなことをする人は、人格の深みからの本来的、自然的な生を見失って、エゴイズムの罠に落ちる。自分を眺めるエゴイズムの構造と結びつくからである。

この場合、人は自分（超自我）にまた他人にどうみえるかを第一の関心事とするようになってしまう。自己を高めようとする努力自体が、際限なく自我《エゴ》を立てる貪りとなってしまう。生活は全体として自己満足か、ひとにみせるためのものとなってしまう。つまり生の主体がエゴである結果、生活全体がエゴイズムの営みとなってしまう。このとき人は、正義や進歩や価値の創造のために行為しているのだと自らも思い込み、他人にもそうみせかける。エゴのためのエゴの営みが、世のため人のためという仮面をつけ、自他を欺く演技をするのだ。

エゴの死と本来的自己の恢復

いずれにしても自分が自分を見つめ眺めるという構造の中で、見ているほうの自分の問題性は全く見失われているのだ。この生き方にはパウロが「うちなる人」と呼ぶものがない。人格全体が深みから生かされているということがない。本人もまわりもそうと気付かなくても——というのは現代人はみなそうした生を見失ってしまったから——、人格は確実に死んでいる。死んだ人間が、死んだまま、自分で自分を立てよう、生かそうと夢中になっている。このように、自分の内容を高い価値でみたそうとする努力全体が、自我《エゴ》を立てようとする異様な貪りにすぎない。だから、事実そこから出てくるものは、他人の価値を認めず、あるいは嫉妬し、他人を蹴落としひきずり落として自分だけが価値あるものとなり、またそう認められようとする、あさましい振舞いなのである。このような営みは、パウロの時代と同じ律法主義的努力ではなくても、それと本質的に同じ性質のものなのだ。だからパウロがこのような生き方の本質を洞察して、その主体はまさに罪だというとき、それは現代の私達にも直接にかかわってくるのである。それこそ、現代の私達を根本から震撼《しんかん》させて然るべき洞察なのである。それは何も、このような生き方の人間は死後地獄に落ちるから、あるいはいつか来る終末のとき神の国に入れないから、ではない。現代の私達はそのような威嚇《いかく》を真剣に受け止めることはできない。そうではない。私は私のあり方の本来性に関心を持つから、私のあり方が生きながら全体として死の中にあるという指摘は、私の全存在を震撼させるのだ。

律法主義は罪である。律法主義的行の主体は罪である。この洞察は、律法主義的営為の中で得られたものではない。それはまた、律法違反の罪はキリストの十字架の贖罪に基づいて赦された、自分はもはや神から罰を受けることはない、という平安（ローマ五1）の中で明らかになることでもない。そうではなくて、イエス・キリストへの信仰において律法主義の放棄がなされ、律法によって自己を神と人との前に価値あるものとして立てようとしていた自我《エゴ》が死ぬときに、はじめて明らかとなるのである。右の洞察が自己のものとなるのは、ここで自己の主体の転換が起こるからである。「私は律法（主義的営為）を通して、律法に対して死んだ。私はキリストとともに十字架につけられてしまった。もはや生きているのは私ではない。キリストが私の中で生きているのだ」（ガラ二19～20）と言える事態が成り立つからである。超越者の働きがあらわとなり、人がそこからの生に自覚的となるのである。キリストへの信仰において「世は私に対して、私は世に対して、十字架につけられて（死んで）しまった」（ガラ六14）ということになるからである。律法主義と、神を知らぬ世とは、一見反対のものでありながら、実は本質を等しくするものである。だから律法主義に死ぬことは、私の全体が、律法主義的生を要求している世に対して死ぬこと、またそのような世が私に対して死ぬことでもある。このようにして自我《エゴ》もエゴイストの世界も、もはや私の関心の中心ではなくなるのである。

キリストと人間

ここで自己の主体の転換が起こったという。私を生かす「キリスト」が自己の究極の主体となったという。ではそのとき自己の構造はどのようになっているのだろうか。

私のうちなるキリスト

キリストが私の中で生きている、ということは無論、いわゆる憑依《ひょうえ》現象のことではない。憑依現象においては日常的な意識が失われ、当人は恍惚《こうこつ》状態の中で語ったり行為したりするのである。このような現象はたしかに原始教団の中にあったし（いわゆる異言。恍惚状態で発音不明瞭また意味不明の言葉を語る現象）、パウロにもこの体験はあったと思われる。パウロは「私が君達のすべてにまさって異言を語れることを神に感謝する」（Ⅰコリ一四18）と言っている。しかし彼はすぐそれに続けて、教会では意味の通ずる五つの言葉のほうが異言状態での一万の言葉より望ましい、と語るのである。またパウロは恍惚状態で「第三の天まで」上り、パラダイスまで引き上げられて、言うべからざる言葉を聞いた、とも語っている（Ⅱコリ一二1～4）。しかしこのような体験が「キリストが私の中で生きている」生の中心なのではない。「私の中で」という表現は、キリストがパウロの全人格的生の主体であることを意味している。それはパウロが、律法主義的行の主体が罪であることを述べるとき、それを行なっているのは「私の中の」罪である（ローマ七17、20）と言い表わすのと同様である（ただしこの場合、前述のように、律法を行なうのはたしかに「私」なのだが、しかしそれは真の私——キリストから生かされる私——ではなかったのである。それは、キリストに生かされてみてはじめてわかったことであった。律法のもとにあったとき、真の私は無力であり、律法が行ずる罪の営みを、いわばどうすることもできぬまま、傍観していたのであった。ローマ七17）。

キリストが「私の中で」生きている、ということは、私の言行はあくまで私の言行でありながら、その究極の主体はキリストである、私が語るのは、あくまで私が語っているのでありながら、キリストが私の中で語っているのだ、ということである。それが真の意味の私の行為なのである。私の全人格性がそれに肯定的に関与しているのである。

たとえばパウロの伝道事業は、歴史的にみればパウロの仕事であって他の誰の仕事でもない。それはパウロが自らすすんで、また全人格を打ち込んでやったことである。しかしパウロは自分の伝道事業を、「キリストが私を通じて」（私を媒介として）行なったことであると言う（ローマ一五18）。外からみればあくまでパウロが語っているのだから、時として人は、それがキリストの言葉である証拠を求めたりするけれども、事実それはキリストが語っているのである（IIコリ一三3）。それは単に、教会がイエスの言葉として伝承しているものをパウロが、第三者として引用し、繰り返しているのではない。パウロは自分の伝道事業について右のように言っているからである。またパウロは離婚を禁ずるときは、歴史のイエスの言葉を引用し、それによって禁止を基礎づけているようにみえる（Ⅰコリ七10。イエスは離婚の合法性の主張を否定した。マコ一〇5〜9）。しかし、パウロはここで「私は命ずる——私ではなく主（キリスト）が」と語る。彼はキリストの命令と自分の命令を重ね合わせるのである。自分はうしろに退いて、キリストに責任を被《かず》け、単にキリストの命令を前面に押し出しているのではない。彼は「私は命ずる」を撤回しているのではない。さらにキリストがパウロにとって過去の人物ではなく、いま在す主であることを思い合わせるとき、「私は命ずる——私ではなく主が」という言い表わしの中に、私達はやはり、パウロの言葉はキリストの言葉であるという、パウロの自覚を読みとるべきである。

同心円的関係と楕円的関係　他方、興味深いことに、パウロとキリストはいつも重なっているのではなく、まるで両者が離れて向かい合い、キリストではないパウロが語っているかのような言表もある。「私が言う——主ではない」（Ⅰコリ七12）がそれである。それで私達は、右に述べた関係、すなわちキリストがパウロの言行の主体である、あくまでパウロが語り行なっているのでありながら、深い根柢において、それはキリストの業《わざ》である、という関係を、同心円的関係と呼ぼう。他方、キリストとパウロが相別れて相対している関係を、楕円的関係と呼ぶことにしよう。こう言い換えてもよい。同心円的関係において、キリストはパウロの主体であり、この意味でパウロの「私」である。というのは、パウロが「私」というとき、実は彼はここから（彼のうちなるキリストから）発語しているからである。ここでキリストはパウロにとって一人称的である。むしろ一人称の「私」は深い根柢においてキリストのことである。他方、キリストはパウロの主であり、パウロはキリストの奴隷である（ローマ一1等多数）。パウロはキリストの使徒である（多数）。ここではパウロとキリストは相別れ相対している。すなわちキリストはパウロにとって三人称的である（さらにパウロがキリストに祈るとき、キリストは二人称的である。Ⅱコリ一二8～9）。するとキリストとパウロの関係は、「同心円的」即「楕円的」、「一人称的」即「三人称的」だ、ということになる（「即」とは、相反するものがそのまま一致している逆説的関係をあらわす）。

同心円的という関係は、パウロの「私」、つまりふつうの意味での「私」が、「私」自身であるについて、もはや自分だけからして自分なのではない、ということである。自分が自分自身であるについて、そこに自分を超えたものの働きが自覚されている、ということである。ここでは自分自身が、自分を超えたものの表現になっている、という自覚がある。それは感覚的に言えば、自分自身の営みに血が通っている、とも言えるようなあり方のことである。決してあたまだけ、意志だけのことではない。ここには自分は自分を超えたところから生かされている、という感覚また認識がある。つまり自覚がある。しかも忘我や恍惚ではなく、醒《さ》めた意識がこのような自覚の中で成り立っているのである。

他律と自律

同心円的関係と楕円的関係はさらに次のように考えて理解することもできる。どういう場合にそれぞれの言い方が出て来るのであろうか。まず楕円的関係のほうから見てみよう。既に触れたことであるが、旧約聖書において神は共同体の神であった。そして神の意志は特に律法にあらわれるのであった。ところで私達の場合でも、法や道徳つまり社会的合意は、個人にとっては客観的・規範的なものである。そして神は共同体、特にその律法の根柢なのであるから、個人にとっては常に客観的・規範的な現実なのである。また律法は契約に基礎づけられるのであるが、神は民の契約の相手であり、民の運命の支配者であった。この関係に基づいて、人は神に祈り、神はそれに応えた。この意味で神は人格的存在とされたのである。

律法は神から与えられ、神によって命ぜられたものである。この面でいえば、律法に対して「何故」と問うことは許されない。律法は人間にとって理解できようとできるまいと、神によって命ぜられたものであり、それゆえ守らねばならぬものである。このような律法観は一世紀のユダヤ教においても支配的であった。この意味で律法は他律であった。

それに対して人が律法を理解し肯定し、まさにそれゆえに律法を守るとしたら、これは自律といわれる。この場合、人間は結局自分で自分を規律することになるからである。しかし法や道徳が、社会の伝統あるいは合意であり、実際社会的に妥当し通用していても、ある個人はもはやその意味を了解することができないという場合もある。それどころか、個人が、ある法や道徳はもはや時代にそぐわなくなっている、それは廃止して、別の法や道徳にとって代わらせたほうがよい、そのほうが社会全体のためだと考えるに到る場合もある。この場合、それでもなお法や道徳が、社会的・客観的現実であり、それを犯せばさまざまな不利益を蒙《こうむ》るし、またやはり社会の安全性を乱すことにもなりかねないから、ある個人が心ならずも内心の確信に反してその法や道徳を守ることもある。この場合、法はやはり彼にとっては他律である。

だからもし律法の行為がほんとうに自律となるためには、それが深い全人格的生（人間の本性）の表現となっていなくてはならないのである。カント（一七二四～一八〇四）は道徳的行為が自律でなくてはならないことを主張した。そして善がただ善であるというだけの理由でなされるとき、自律が成り立つとした。道徳的行為が得になるとか名誉になるとかいうのでそれを行なうのはもちろん、道徳的行為が理性以外のどこかから発している場合は、すべて他律になると考えた。このようなカントの考えは一見甚《はなは》だ純粋である。しかし――カントの道徳論は単に形式的で実質が欠けているというもっともな批判があるが、それは別としても――、カントの場合、道徳行為は単に理性的であって全人格的ではない、と私は思う。だからカントには宗教がないのだ。カントの場合、宗教は道徳に基礎づけられるのである。しかし理性はいかに大切であっても、それは人間の機能の部分であって全体ではない。宗教は理性より深い。決して逆ではないのだ。だから宗教性が道徳性を基礎づける。道徳は純粋に理性的な「なすべし」だけから実行力を得ることはないのである。

他律と自律の共鳴

新約聖書の宗教では、超越者は単なる超越ではなく、人格に内在する。キリストが私の中で生きている、と言われる所以である。この面では、道徳は単なる他律ではない。また単なる理性の自律でもない。さてパウロの場合、律法の根柢には超越者の意志がみられている。神は命ずる者、立法者である。しかしその超越者が自己に内在して自己の中で働く。ここで律法は自己の生の営みの表現となるのである。つまり、客観的な律法の根柢にあるものと、主体としての自己の意志の根柢にあるものとが同一だから、自己が律法に共鳴するのだ。「汝なすべし」は「我欲す」とひとつになる。こうして宗教的倫理が成り立つ。すなわち超越者は、共同体の意志の根柢としてはあくまで客観的・規範的現実でありながら、自己に内在するものとしては自己の究極の主体なのである。律法は客観的・規範的現実でありながら、自己の本性、自然の表現なのである。絶対の他者としての神が同時に自己の究極の主体であるという逆説が宗教にはある。だから、右に述べたような共鳴関係がないときは、律法が時代や状況にふさわしくなくなっているのか、そうでなければ、自己がエゴイズムに陥っているのである。

律法主義の本質

ここから見た場合、律法主義とはどういうことであろうか。それは、超越者の自己内在面が消失して、超越面だけがみられることである。このとき超越面は誤解されてしまうのだ。超越者は共同体の合意（法、道徳）の根柢にみられているのであった。しかし超越者が自己に内在する面が消失するとは、神の働きが自己の本性、自然として現われることがない、ということである。早く言えば、神は自己の体験に即しては知られない、ということである。つまりは、神は見失われている、ということである。すると神は見失われたままで、神の意志としての律法が説かれることになるから、人はこれらを神の意志そのものと見做すほかはない。一言で言えば、相対的な律法がそのまま絶対化されるのである。神の内在を知っている人からみれば、律法は神の意志の表現である。ゆえに律法は状況に即応して新しい形をとるべきものである。改廃できるものである。実際、パウロは割礼無用論を唱えることができたのだ。そもそも律法は心から納得、肯定できるはずのものである。ところが神の超越面だけをみて、神の人格への内在面を見失った人には、もはや律法を相対化するすべがない。こうして律法が絶対化される。そして他律と化した律法を守ることが、そのまま神の意志を行なう道だと誤解される。このときこれを律法主義というのである。

それに反して自己に内在する超越者からの生（全人格的生）を知る人にとっては、自己の生の営みの表現が、律法の戒めと一致するはずなのだ。また逆に、律法の要求は奥深い生の共鳴を呼び起こすはずなのだ。何となれば、律法の根柢には、全人格的生の底にあるのと同じ神の意志があるのだから。つまり自己の外から律法を通して語りかける神が自己の中に在してその業《わざ》を欲するのである。だからパウロは、愛——これは他律ではなく内発的なもの、人格的生の自然の営みそれ自身である——は、律法を全うする、というのである。倫理的行為においては「外から」の命令と内からの意欲が共鳴するはずである。そうでないときは、どちらかが、あるいは両方が、おかしいのだ。

私はキリストの中にある

しかしまたキリストが私の中に生きているというとき、そこには他の面が含意されていることも忘れてはならない。右に述べた場合、人は社会的存在とみられている。というより、社会的存在としての自己について、右に述べたことがあてはまる。しかし人間には社会性に解消されない面がある。それは人が自分の存在自身を自分の問題と感じ、これを解決しようとすることにもあらわれている。すなわち、人は個人でもあるのだ。キェルケゴール風に表現すれば、人には自分と自分との関係の中で生きているところがある。それは誰にでもあるはずである。

さて個人としてのあり方についても、「キリストが私の中に生きている」と言える面がある。いや、こう言っただけでは紛らわしいかも知れない。「キリストが私の中に生きている」というあり方には、右に述べた社会性の面（律法を全うすること）だけではなく、個人としての生の面も含まれるというべきである。それはどこにあらわれるか。

「キリストは私の中にある」という表現と並んで、逆に「私はキリストの中にある」という言い方がある。パウロの用法を調べてみると、この言い方は、キリストの恵みを言表していることがわかる。キリストの恵みを根拠として、私に本来的生の充実が与えられた、という含意を持っているのである。つまり「キリストにあって」という言い表わしは、「キリストの働きに基づいて」という意味である。さらに言えばそれは、私の主体性つまり思いや行ないとは全く無関係に、キリストの恵みとして、超越者からの賜物として、私が私であることが成り立ってくる、という連関で言われている。「キリストにあって君たちに与えられた神の恵みのゆえに……私は神に感謝する」（Iコリ一4）。「キリストにあって君たちは神から生きるものとなる」（Iコリ一30参照）と言われている通りである。さて恵みの内容はどういうことかと言えば、もちろんそれは、まず「君たちは主イエス・キリストの御名……において義とされた」（Iコリ六11）ということである。そして義認は人間側の努力とは一切無関係な、神の恩恵なのである。さらに「誰でもキリストにある者は新しく創られた者である」（IIコリ五17）と言われるとき、義認が人格のあり方全体の転換をもたらすことが語られる。それゆえ「キリストにあって」という表現は用いていないが、「私が私であるのは神の恵みによる」（Iコリ一五10）も同じ事態を語っている。自己の存在全体が神の恵みによって成り立っているというのだ。

「キリストが私の中にある」という表現と「私はキリストの中にある」という表現の関係を、私達は空間的な比喩を用いて、以下のように考えることができるだろう。「キリストが私の中に生きている」とは、キリストが私の究極の主体であるということである。私は死に、キリストが私の中で生きている。その限り私の言行はあくまで私の言行でありながら、究極においてキリストのそれである、という逆説である。それは同時に、キリストは私を審く方である、ということでもある。つまり私がキリストから離れるとき、エゴとして振舞いはじめるとき、キリストは私を審く者となる。そしてキリストが主体である生き方を求めるのである。このとき、超越者は「命ずる者」となる。他方、それとは無関係に、私はキリストの恵みに包まれ、キリストに受容されている、ということがある。するとここでの問題は私の主体性ではなく、私の存在性である。キリストは私の全存在を包み、たえず新しく私を生かすものなのである。だから私の生はキリストの営みである、とさえ言われる（「生きることはキリストである」ピリ一21）。私は相変わらず愚行醜行を演ずるけれど、キリストは、私の生、私の存在がたえず新しくそこから成り立ってくる基礎なのである。キリストは私を包む者、赦す者である。ここに福音がある。この意味で私の存在の根柢なのである。するとキリストと信徒の関係において、信徒の究極の主体としてのキリストは、同時に信徒の全存在を包む、その根柢であるという逆説が成り立つことになる。それはすなわち審く者（律法）が赦す者（福音）という逆説である。パウロにおいて、キリストは審判者であり

律法と福音

(Ⅱコリ五10)、同時に赦す者である(ローマ八34。キリストは「とりなす者」である。赦しの根拠は十字架での贖罪にある)。

超越者が絶対の他者でありつつ自己の究極の主体であるという逆説と、超越者は自己の究極の主＝命令者でありつつ自己の存在の根柢(恵む者)であるという逆説とは、重なり合いながら、人間存在の社会面と個人面の成り立ちを言い表わしている。ここにパウロにおける超越者と信徒との関係の、最も基礎的な言い表わしが見出されるのである。というより、私達がパウロの生き方を理解しようとするなら、それは次のようなものだった、と言えるのである。すなわちそれは、そこで上述のような言表が成り立ってくるような生き方であった。その生き方を表現しようとすれば、どうしても右のように表現せざるをえなかったような生き方であった。だから私達も、私達自身の生に即して、右のような言表ができる場合に、私達はパウロを理解した、と言えるのである。

霊と肉

右のような関係が成り立ち、また自覚されている場合、その人には全人格の現実があらわになっている、と言える。そこから見ると、律法主義者が奉じている律法は単なる形、生命を欠いたただの外形にすぎないことが明らかになる。さてこのように眼に見える形、もっと一般的に言えば、ふつうの知性に認識されるもの、ただし超越者から生かされていない外殻、それをパウロは「肉《サルクス》」とよぶ。もともと全現実は「キリストの中にある」ものである。しかしそれを見失った人間はそれをキリストと切り離してしまう。そしてエゴの充足のためにそれらの外形だけを追っている。このように、キリストから切り離されてしまった「形あるもの」のことを、パウロは「肉《サルクス》」というのである。すると私達の用語での自我《エゴ》は肉《サルクス》である。律法主義の枠内での律法も同様である（Ⅱコリ三6参照）。また「肉《サルクス》に従って」生きるとは、結局自我《エゴ》から生きるエゴイズムの営みと同じことになる。それに反して「キリストにある」生とは、エゴイズムの否定なのである。この場合、神の霊、キリストの霊、また聖霊といわれるものは、神・キリストの働きを人のうちに伝えるもののことである。神・キリストは超越的である。その働きをいわば人のもとに運びもたらすものが聖霊なのである。こうして私達は以下のようなパウロの言葉をほぼ理解することができるであろう――「ほぼ」というのは、すっかり理解するためにはもっと説明が必要であろうから――しかし本書でそこまで立ち入る必要はないであろう。ただ念頭においていただきたいのは、パウロは、人の罪のため十字架についたイエス・キリストへの信仰によって、単に人の罪（律法違反）が赦されただけではなく、人に対する罪の力の支配が克服されるのだ、と考えていることである。それは無論、そこで罪からキリストへという、人の主体の転換が起こるからである。十字架についたキリストへの信仰によって、罪の力の克服が起こる。以上のように贖罪による罪の赦しという客観面と、信仰における罪の力の克服という主体面が、結合するのである（この点は後述）。

「キリストの中にある人達はもはや断罪されることはありません。というのは、キリストにある生命の霊の働きが、あなたを、罪と死との働きから解放したからです。というのは律法が（それ自身では無力な文字にすぎず、それゆえ）肉《サルクス》の弱さのゆえになしえなかったことを、神はその御子（によって成し遂げてくださったからなのです）。すなわち神は世を罪から救うために、その御子を罪の（支配下にある人間の）肉体と同じ形をとらせて世に遣わし、その肉体において罪を処分してしまったのです。それは律法の（本来の）要請が、もはや肉に従って歩まず、霊に従って歩む私達によって満たされるためなのです。

肉《サルクス》に従う者は肉のことを思い、霊に従う者は霊のことを（思うのです）。肉の思いは死であり、霊の思いは生また平安なのです。なぜなら肉の思いは神に敵対するからです。それは神の律法に従うことがない、いや、従うことができないからです。肉にある者は神をよろこばせることができないのです。

もし神の霊があなた方の中に宿るなら、あなた方は肉にあるのではなく霊にあるのです。もし誰かがキリストの霊を持たぬなら、その人はキリストに属する者ではありません。キリストがあなた方の中にあるなら、からだは罪のために死んでいても、霊は義とされた故に生きるのです。イエスを死者の中から甦らせた方（神）の霊があなた方の中に宿るならキリスト・イエスを死者の中から甦らせた方は、あなた方の中に宿る聖霊によって、あなた方の死のからだをも生かすでありましょう」（ローマ八2～11）。

神・キリスト・聖霊

神とキリストと聖霊の関係をパウロがどう考えているか、一言しておく必要があるかも知れない。パウロによれば神は究極の主体であり、それゆえ一切の存在の究極の根柢でもある。これは「一切は神に由来する」（Ｉコリ八6）とも表現される。するとキリストはまず神の行為の仲介者なのである。「一切はキリストを通して」なのである（Ｉコリ八6）。キリストを通して、神の人類救済の業《わざ》がなされたのである。すなわち内容面からみれば、「キリスト」とは神の行為の内容だと言える。神の義を立て、人を救い、生かすものである。神は人を救う働きの主体であり、キリストはその内容なのである。

さてキリストは私達の罪のために死に、甦って神の御許に高められて在したもう（ピリ二9）。しかし、だからといって直ちにあらゆる人が救いに与ったというわけではない。救いは、新しい生は、人に伝達されなくてはならない。キリストは使徒にあらわれ、使徒はキリストを告知し、十字架につけられて甦った方《かた》を信ずる者は救いに与る。この際信じた者には聖霊が与えられると言われる。つまり聖霊は恵みの賜物を信徒に伝達するものなのだ。聖霊はこうして死すべき人を生かすのである。他方、人が生きるのは、キリストに基づき、キリストが人の中で生きることによるのだから、聖霊はキリスト自身を信徒のもとにもたらすと言ってもよい。すると、神は人を救う働きの主体であり、キリストはその働きの内容であるのに対して、聖霊は救いを人に伝達する働きである。一般に働きというとき、主体と内容と伝達の三者が区別される。神・キリスト・聖霊はこの三者に対応するとみてよかろう。すると神は救いを伝達する働き（聖霊）の究極の主体である。だから聖霊は一方では神の霊といわれる。他方では聖霊は救いの内容（キリスト）を人のもとにもたらす。だからそれはキリストの霊とも呼ばれるのである。ここには古代教会において教義にまで定式化されたいわゆる三位一体論の原型があるとみることもできよう。もっとも新約聖書の中では三位一体論は、神・キリスト・聖霊の三位がその本質においてはひとつであり、超越者のあり方においては三であるというような、定式的表現を得てはいない。ただ信徒への祝福の形で「主なるイエス・キリストの恵みと神の愛と聖霊の交わりとがあなた方すべてとともにあるように」（Ⅱコリ一三13）と述べられているだけである。

「キリストのからだ」としての教会

人格共同体の成立　キリストが信徒の「中」で生き、また信徒を通して働くときはどういうことが起こるのだろうか。そのとき「キリストのからだ」としての人格共同体が成り立つのである。このことについては本章の冒頭でも述べた。信徒の中にキリストが在し、同時に個々の信徒は「聖霊の宮」(Ⅰコリ三16、六19) であるが、人格共同体としての教会は全体として「キリストのからだ」と呼ばれるのである。ここにもまた難解な逆説があるのだが、ここは比喩《ひゆ》で済ませておこう。キリストが個々の信徒に宿り (ローマ八10)、また教会が全体としても「キリストのからだ」といわれるのは、ちょうど人体において個々の細胞に生命が宿り、人体全体にも生命が宿り、しかし両者はひとつの生命だ、というのに似ている。

「キリストのからだ」としての教会は、単に個人の集合ではない。まず個があり、ついでそれが集まって、はじめて教会が二次的に成り立つものではない。そういうものはひとつの「からだ」とはいえない。またまず教会があり、ついでそれが解体して個々の信徒が現われるのでも、ない。からだの部分と全体は相関的である。全体あっての部分であり、部分あっての全体である。そこで部分は「極」の性質を持っている。極というのは、磁石の両極のように、区別はできるが切り離せないもののことである。他者とのかかわりの中でしか自分自身でありえないもののことである。「からだ」とは、全体としてひとつのまとまりをなしていて、その部分はみな極の性質を持つようなもののことである。部分同士は心臓と肺臓のように、互いに互いを必要とし、一方が正常に機能するとき他方も正常に成り立つのである。このような極のまとまりを私達は「統合体」と呼ぶことにしたい。人格は統合体の中で全《まった》き人格なのである。人格には個人としての存在の面があり、ゆえに個として生きることができるが、社会性を排除した意味での孤独や孤立は人格の正常なあり方ではない。キリストの働きは、人格を統合体へと呼び集め織り成すのである。だからパウロは教会形成へと向かうのだ。パウロはその使命をキリストから托されたのである（ローマ一1、ガラ一16他）。

パウロの教会観

人格の統合体においては、繰り返すが、個々の信徒の中にキリストが在し、同時に全体も「キリストのからだ」と呼ばれうるのだ。そこにはキリストが在す。言い換えれば、キリストは歴史的現実の中に教会として現臨するのである。ここでは全体が、また各個人が、ひとつ生命に与っている。ここにはいわば、あたたかい血が通い合っているのである。そういう共同体の一員であることが、人格の正常な姿なのである。以下に、キリストのからだに関するパウロの言葉を引用してみよう。

「(聖霊の) 賜物には違いがあっても (それを与える) 霊は同じです。奉仕 (の仕方) には違いがあっても (それをさせる) 主は同じです。(信徒の) 働き (力) には違いがあっても、一切の中に働いて一切を行なわせる神は同じです。全体が (全体として) 成り立つために、各人に聖霊の働きが現われるのです。ある人には聖霊を通じて智慧《ちえ》の言葉が与えられ、ある人には同じ聖霊によって知識の言葉が、ある人には同じ聖霊にあって信仰が、ある人には同じ聖霊にあって病を癒《いや》す力が、ある人には奇蹟を行なう働きが、ある人には預言 (する力) が、ある人には霊を見分ける (力) が、ある人には異言 (を語る力) が、ある人には異言を解釈する (力) が、それぞれ与えられるのです。これらすべての働きは同一の聖霊によるのです。霊は自分の欲するままに各人に分け与えるのです。

からだは、ひとつでありながら多くの部分から成り、からだの各部分は数多いのにからだはひとつであるように、キリストの場合も同様なのです (ここでキリストとは実際上教会と同義である。つまりキリストが教会と等置されているのに注意。キリストは歴史的世界に教会として存在する、筆者註)。私達にはユダヤ人もいればギリシア人もいれば奴隷もいれば自由人もいますけれども、私達はみな、ひとつのからだとなるようにひとつの霊によって洗礼を施され、ひとつの霊に与ったのでした。

あなた方はキリストのからだであり、各人がその部分なのです。神は教会の中にまずある人達を使徒として配置されました。第二に預言者、第三に教師、それから奇蹟を行なう人、それから癒しの賜物を持つ人、援助する人、管理する人、異言を語る人を置かれたのです。私達皆が使徒ではありますまい。皆が預言者でもありますまい。皆が教師でもなく、皆が奇蹟を行なうのでもなく、皆が癒しの賜物を持つのでもなく、皆が異言を語るのでもなく、皆が（それを）解釈するわけでもないでしょう（Ⅰコリ一二4～31）。

全体あっての自分であり、自分あっての全体である。自分には固有の務めがある。エゴイストは他人の上に立ち、他人より楽や得をすることを求める。そうなれる地位を求める。しかしこれでは自分自身はみつからない。自分の――深い意味での――適性はわからない。エゴイズムから解放されたときに、人は超越者と他人格とのかかわりの中で自分自身を発見するのである。

愛

他者とのかかわりとひとくちに言っても、かかわり方にもいろいろある。しかしそれは全人格性をこめたかかわりでなくてはならない。たしかに、誰もが誰とでもいつも全人格的にかかわれるものではない。決してそうではない。しかし人と人とのかかわりは、ほんの一時のこと、また人格の一部一面に限定されてはいても、その一瞬、その一部一面でのかかわりには全人格性がこもりうるのである。それは全人格性の表出でありうるのである。人間が社会という巨大なるメカニズムのひとつの役割になりおわってしまったときは、そうはならない。人は単なる歯車（社会的有意味性ないし無意味性）になりおわり、人と人との関係は、一方的あるいは相互的な目的・手段関係に解消されてしまう。血が通い心の通う関係はない。人格と人格とが互いの全人格的な本来性の成就を望み、そのために思いやり働く関係はない。それに反して、愛し合うとき、右のかかわりはおのずから成就する。そして「キリストのからだ」の中で、人は愛し合うのである。「キリストのからだ」といっても、ただその中で各人がそれぞれの役割を受け持つというだけのことならば、それは利益社会《ゲゼルシャフト》と異なるところはない。教会は本来、牧師が日曜毎に説教と礼拝を行ない、また礼典を執行する、というだけのものではない。いわんや天国行きを望む人のための施設でもない。「キリストのからだ」とは、そこで各人にキリストが宿り、全体もキリストのからだであり、それゆえ内奥の本性からして人と人とが互いに愛し合う共同体のことである。それが「キリストのからだ」のありようである。そこでの各人の役割は一方では個性の自覚に基づき、他方では愛に支えられている。だからパウロは、愛をいとも優れた道と呼び、それを求めるよう語りかけるのである。

「私はあなた方に（さきに述べたような賜物より）もっとずっと優れた道を示しましょう。もし私がさまざまな言葉（を操《あやつ》り）、天使の言葉で語ったとしても、私に愛がなければ、鳴り響くどらや騒々しいシンバルと同じことです。もし私が預言の力を持ち、あらゆる秘義とあらゆる知識に通じていても、また（命じて）山を動かすほどの大信仰を持っていても、私に愛がなければ、私はなにものでもないのです。また、もし私が全財産を施し与え、自分のからだを焼かれるために渡しても、私に愛がなければ、何の益もありません。

愛は寛容であり、愛は親切であり、嫉まず、誇らず、思い上がらず、恥ずべきことを行なわず、自分のことを求めず、激せず、（ひとの）悪を数えず、不正をよろこばず、真理とともによろこぶのです。すべて怺《こら》え、すべて信じ、すべて望み、すべて忍耐するのです。

愛は決して消失しません。預言は滅び、異言は止み、知識は虚しくなるでしょう。なぜなら私達が知っているのは一部分にすぎず、預言するのも一部分にすぎないからです。完全なものが到来するとき、部分的なものは滅びるでしょう。かつて私達が幼児であったとき、私達は幼児らしく語り、幼児らしい思いを抱き、幼児らしく考えました。成人したとき、私達は幼児らしさを棄てました。いま私達が見るところは鏡の映像のようにぼんやりしています。しかし（全きものが到来する）そのとき、顔と顔とを合わせて見るでしょう。いま私が知るところは一部分にすぎません。しかしそのときには、私が（神に）知られているように、すっかり知るでしょう。信仰と希望と愛、この三者はいつまでも残るのです。その中で最大なのは愛なのです」（Iコリ一二31～一三13）。

パウロ神学の二重構造

贖罪と信仰　以上述べたように、パウロの思想にはふたつの考え方が結びついている。第一は、律法違反が罪だという考え方である。すると、キリストの十字架は律法違反の罪のための贖罪だ、という理解は当然この考え方の系列に入る。罪と十字架をこのような仕方で把握した場合、神学がどのような形をとるかは既に略述した。すなわち類型Aの神学である。

第二の考え方は、律法主義自体が罪であるというものである。両者には相容れないところがある。というのは、第一の考え方に従えば、人は律法を完全に守れば神に義と認められ、永生に到ることになり、実際パウロはそう書いている（ローマ二13、ガラ三12）。ところが第二の考え方によれば、人は律法を完全に守っても、それで生きるのではない。むしろ（律法の）「文字は殺す」（Ⅱコリ三6）のである。律法を守れば義認されて永生に到ると思い律法の業《わざ》に励むとき、人は却って死に到る（ローマ七）。人は律法の行ないとは無関係に、信仰によって義とされ、生きるのである（ローマ一17、三21〜22、三28、ガラ三11）。

「贖罪に基づく義認」と「信仰による生」とがパウロの思考の中で結びついている。しかし両者

□ 神 学 A

教会の過去
［神による，民イスラエルの選び］・［神と民イスラエルとの契約］・［律法授与］➡［神の民の成立］➡［民による律法違反の罪］➡［救いの預言］

教会の現在
➡［イエスの生］・［十字架上での贖罪死］・［復活］➡［新しい契約と新しい神の民(教会)との成立］➡［教会の進展］・［世界伝道］

教会の将来
➡［終末の到来］・［キリストの再臨・審判］・［旧き世の崩壊］➡［新天新地の成立］・［神の国の成就］

□ 神 学 B

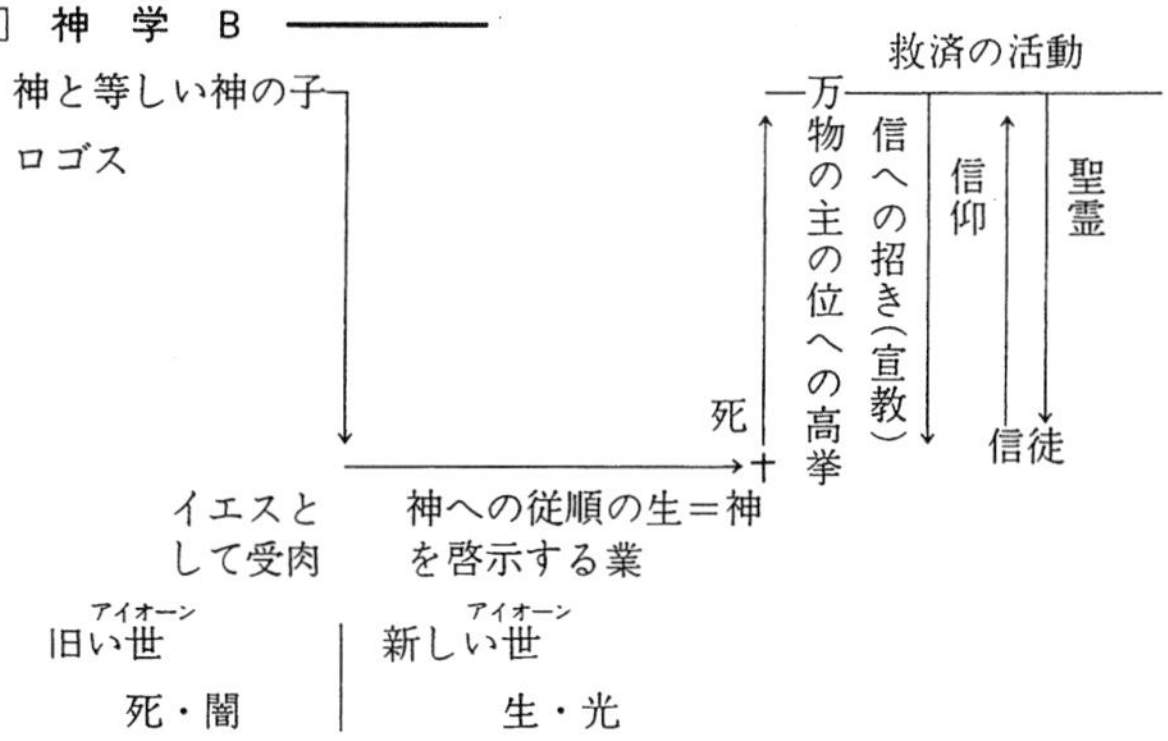

□ 浄土真宗の場合(参考)

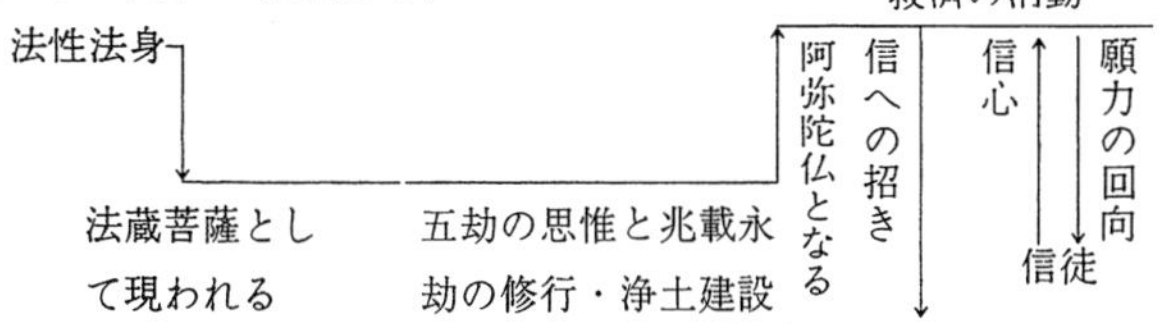

類型Aと類型Bの神学の相違

はもともと違う考え方なのだ。実際、第二の考え方は『ヨハネ福音書』に明瞭に打ち出されているのである。たとえば「私（キリスト）の告げることは真実であり必ず成就する。私の言葉を聞いて私を遣わした方（神）を信ずる者は永遠の生命を受ける。そして審きに到ることなく、死から生へと移っているのである」（五24）と記されている通りである。

パウロは前述のように、信仰の典型としてアブラハムを名指す。アブラハムは神を信じ、その信仰が義と認められた（ローマ四3、9、23。ガラ三6）。アブラハムはキリストを信じたわけではない。しかし彼の信仰は義と認められた。それなら私達もキリストではなく神を信ずるなら、それで義と認められるはずではあるまいか。パウロはもちろんそうは言わない。神はアブラハムと契約を結び、彼に約束を与えた。ところで祝福の約束は――パウロは約束の内容として神の国を相続することを考えている（ガラ三18参照）――「アブラハムの裔《すえ》に」与えられた。パウロはそう言う。そしてその「裔」とはキリストのことだと主張する。それはパウロが拠っている旧約聖書の原文（創世記一二7、二二18等）の解釈としてはおよそ強引なものであるが、パウロは以下のように言いたいのだ。神はアブラハムの「裔」に神の国を相続させる約束をした。その約束はイエス・キリストにおいて成就した。イエス・キリストは十字架上で死んで甦り、ここに神と人との新しい契約関係が成り立った。この状況の中で私達が神から求められているのは、このイエスを救世主《キリスト》と信ずることであり、この信仰が神に義と認められるのである。信仰は十字架につけられた方への信であり、それ以外のものではない（Iコリ二2）。キリストの十字架は贖罪の意味を持っている。キリストは十字架上に死んで甦った。このキリストへの信仰が義と認められ、この信仰によって人は生きる、と言うのだ。こうしてパウロにおいては、贖罪による義認と、信仰による永生とが、結びついている。だからパウロは常に、人は十字架につけられた方への信仰によって義と認められ、生きる、と言う。信仰は、贖罪の死を死んだキリストへの信仰だからである。

「信仰によって生きる」という考え方

しかし私達は、贖罪による義認と信仰による生とをやはり区別しなければならない。というのは両者の内容が違うだけではなく、事実『ヨハネ福音書』では、イエスの十字架は律法違反の罪に対する贖罪という意味を持っていないからである。ヨハネ神学の中心は、人は信仰によって永遠の生命に入るということである。

キリストへの信仰によって永遠の生命に入るという考え方は、どのようなキリスト理解を含んでいるのだろうか。それは以下のようなものである。もし人がキリストへの信仰によって永遠の生命に到るなら、キリストが現われる前にはその可能性はなかったことになる。つまり神との正しい関係は全然なかったことになる。また永遠の生命とは、救われた状態全般を言い表わすのだから、キリスト以前には救いはもちろんのこと、真理のように救いの内容をなすものも、一切なかったことになる。神とイスラエルの民の契約などということも、神と人との正しい関係としては問題にならない。律法も死の世界の原理だということになる。律法を守ることによって神との正しい関係の中に立つなどということははじめからありえない。

イエスの死は律法違反の罪のための贖いではない。復活は死に対する勝利である。罪なきイエス・キリストの生は既にそれ自身、罪の力への勝利であり、またその死・復活は、死の力への勝利なのである。イエスの生・死・復活は、悪霊的な諸力に対する勝利である。ゆえにイエスの生・死・復活は、悪霊的な諸力の支配下に虜となっていた人間の救済の根拠なのである。

キリストは甦って神の御許に在したもう。人は信仰によって、キリストの働きに与るのである。当時のヘレニズム世界＝地中海沿岸世界の密儀宗教には、同一形式の神話がさまざまに変容された形で伝えられていた。それは死んで甦る救済神の神話である。信徒は救済神の死と復活を象徴する祭儀に参加することによって、みずから救済神の死・復活に与り、それによって永遠の生命に与るのである。このような密儀神話が、何らかの仕方で、いま私達が問題にしている形のキリスト理解の形成・表現に関与したことは、充分考えられることである。すなわち、キリスト信徒は救済者イエス・キリストを信じ、洗礼や聖餐《せいさん》という礼典を通してキリストの死・復活に参与し、キリストの生命に与るのである。そしてこのような信徒はいまや呼び集められて、ひとつの生命に生かされる共同体を形成する。

律法主義が罪である。律法主義的努力は人を死におとし入れる。人はキリストへの信仰によって生きる。こういう考え方はほぼ右のようなキリスト理解と結びつくはずである。事実、パウロは右のような考え方の枠組となるキリスト論を持っている。それは恐らく、パウロの入信以前ではないが、パウロの活動と同時代に形成されていったものであり、特に異邦世界（まずはシリアのアンティオキア?）の中ではぐくまれ、展開していったものである。その過程についてこういう推測も許されるであろう。原始キリスト教がヘレニズム的異邦世界にもたらされたとき、契約や律法や預言というようなユダヤ教的伝統を持たない異邦人キリスト者のもとで、このようなユダヤ教的要素が失われ（ないし後退し）ていった。十字架が律法違反の罪の贖罪であるという理解も同様であった。他方、イエスの死・復活は悪霊的な諸力への勝利と理解され、ヘレニズム世界に広く行なわれていた密儀宗教の影響もあって、人は救済者キリストへの信仰により悪霊諸力の支配から救い出される、と考えられるようになった。つまり自己の真のあり方を可能とする超越者の働きに全存在を打ちまかせることによって、エゴイズムの滅びと新生に到る。その体験が当時の宗教言語によってこのように造型され言表されるわけだ。この形の神学を代表するのが新約聖書の中では『ヨハネ福音書』なのである。

類型Bの神学

さてこのようなキリスト理解の枠組は、事実パウロも知っていたし、それだけでなく、自分の神学の中に併せ持っていたものである。その枠組はキリスト讃歌の形で述べられている。以下にそれを引用するが、現在の新約学の通説によると、この讃歌はパウロ自身の作ではなく、彼は当時の教会に行なわれていたものを引用しているのである。つまり前述のように、このようなキリスト理解はパウロ当時、(多分異邦の)教会で形成され、一方では定式化され、他方ではさまざまな問題領域へと展開されていったものである。

「キリストは神的存在であったが、神のようにあることをよいことにして利用せず、それを断念して奴隷存在となり、人のさまに等しくなった。彼は事実、人であって、自らを低くし、死(「十字架の死」)に到るまで(神に)従順であった。それゆえ神は彼を高め(＝復活)、彼にあらゆる名にまさる名を与えた。それはイエスの名において、天と地と地下の諸力諸霊がみな膝をかがめ、すべての舌がイエス・キリストは主であると告白して、父なる神に栄光を帰するためである」(ピリ二6〜11。原文8節にある「十字架の死」はパウロの加筆であると思われるのでカギ括弧に入れてある。パウロはこの加筆によって、この枠組では贖罪の意味を持たぬキリストの死を、十字架による贖罪と結びつけているのである。復活が万物の主の位への高挙と解されているのに注意)。

この形のキリスト論のひとつの特色は、ここでは個々の信徒とキリストの関係が前面に出ていることである。十字架を贖罪と解する神学では、前述のように、常に神の民と神の関係が問題になっている。契約も律法も贖罪も終末の審判も、法的概念であり、法は共同体で成り立つものである。それに対していま問題のキリスト論では、個々の信徒は信仰によって悪霊諸力から救われることを告げているのである。だからその中心問題は義ではなく、永遠の生命となるわけだ。換言すれば、ここで罪は——律法主義を含みつつ——、結局は不信仰そのものなのである（ローマ一四23）。さて私は、キリストの十字架は律法違反の罪に対する贖罪であるという考え方と結びつく神学を、類型Aの神学と称しているが、それに対して、ここで問題にしている形の神学を類型Bの神学（神学B）と呼ぶことにしているので、以下この呼び方を使わせていただきたい。

パウロにおける類型Bの展開　上述のようにパウロではふたつの系列の考え方が結びついている。そして両者には相容れないところがある。単に類型Aの神学は律法違反を、類型Bの神学は律法主義を、罪としているというだけではない。思考の座も同じではない。類型Aの神学では思考は共同体的であり、類型Bの神学では個人的である。両方の神学が結びついているから、パウロ神学にはどうしても一貫しないところが出てくる。つまり全体を矛盾のない体系の形で述べることは困難である。

パウロは彼以前の原始教団の宣教——これは類型Aに属する——を受け容れたのだ。つまり、彼以前の原始教団が告知するキリストを「信じた」のである。そして彼はその「信仰」の決断において、はじめてエゴが全体として崩壊してエゴイズムが滅びたことを自覚したのであろう。そこではじめて罪の力からの解放を体験したのであろう。これは類型Bの神学のモチーフである。私達はこのように考えてもよいと思う。するとパウロは、ここから一切を見直し、考え直すことになるわけである。そのための基本的な枠組は前述（類型B）のキリスト論という形で既に一般化していた。とすればパウロはこのような再解釈を遂行してゆく上で、特に問題を感じなかっただろうし、それはまた彼の教団から要請されていたことでもあった。こうして彼は、人は罪と死の力に勝ったキリストへの信仰によって救われるという主題が内包するものを、さまざまな方向に展開してゆくのである。そしてふたつの系列の考え方の結合は、現存するパウロ書簡の全体にわたってみられるから、このような再解釈は四〇年代の終わりまでには、基本的に完了していたに違いない。さて、私達は以下に、信仰による救いという中心主題から生まれてくるものを、さらにみてゆくことにしよう。

アダム・律法・キリスト

まず律法理解が問題となる。類型Aの神学の考え方では律法違反が罪なのだから、律法以前に罪があったはずはない。しかし類型Bの神学の考え方では、不信仰が罪なのである。そしてこの不信仰は律法以後は律法の行ないによって自己を立てようという律法主義の形をとる。これは私達の言葉ではエゴイズムであるから、類型Bの考え方によれば、エゴイズムは不信仰という罪である、と言い換えてもよい。律法主義とは、エゴイズムが神への熱心の仮面のもとにエゴを義人として立てるため律法に精進することなのである。いずれにせよ、類型Bの神学の考え方では、律法以前から罪（不信＝エゴイズム）は存在したことになる。というより、キリスト以前は、キリストへの信仰によるエゴイズムの克服はありえないから、世の一切が罪の支配下にあったことになる。キリストを信ずる者は救われてキリストの働きに与るのだが、キリスト以前の人間は、すべて罪の働きの虜となっていたのである。この状態をパウロは以下のように説明する。すなわち人類の始祖アダムが罪を犯したから、罪とそれゆえまた死とが、人の世に入り込んだ。そしてすべての人に及んだ。罪と死の支配を打破するのはキリストであり、人は信仰によって救いに与るのである。以下にこの点にかかわるパウロの言葉を引用しよう。この中に類型Aの神学の考え方が混在しているのは、指摘するまでもなく、少し注意して読めば明らかであろう。論旨が一貫していないのは主としてそのためなのである。

「一人の人（アダム）を通して罪が、また罪を通じて死が世に入り込んだように、同じく死はすべての人に及んだのです。それはすべての人が罪を犯したからなのです。律法以前にも罪は世にあったのですが、律法がなければ罪は罪として認められないのです。それでも死はアダムからモーセに到るまで支配し、またアダムの違反と同様の罪を犯さなかった者にも及んだのです。アダムは来たるべき者（キリスト）のテュポス（＝型、一言で言えば陰画《ネガ》）なのです。

しかし恵みは罪過の場合とは違います。もし（アダム）ひとりの罪過のゆえに多くの人が死んだとするならば、ましてや神の恵みとひとりのイエス・キリストの恵みの賜物は、多くの人に満ち溢《あふ》れたのです」（ローマ五12〜15）。

要するに、律法は、律法以前にも存在した罪（エゴイズム）を、律法違反という形で顕在化させるために、あとからやって来たのだ、と言うのである。すると律法は、人にその罪をあらわならしめ、そうすることによって人をキリストへと導くためのものなのである。それが信仰の立場から見た場合の、律法の役割であった（ガラ三23～24）。さてキリストがこの世に到来し、人はキリストへの信仰によって義認され生命に与ることとなった。こうしてキリストは律法を終わらせたのである。それを認めずに律法の行によって自己の義を立てることに熱中しているユダヤ人は、神の行為に全く無知なのである（ローマ一〇1～4）。

信仰とは、自らの律法主義的行為によって自我《エゴ》を立てようとする営みの放棄なのである。信仰以前には、律法的営為の主体はまさにエゴだったのだから、信仰は自我《エゴ》の死である。信仰は私の決断だが、しかしエゴの行為ではない。それは既に超越者の行為なのである。信仰の決断の主体は、私でありつつ、実は究極的には超越者なのである。「誰も聖霊の働きに基づかなくては『イエスは主である』と言うことはできません」（Ⅰコリ一二3）。そして聖霊とは、神とキリストの働きを人に伝達するもの、こうして人を生かす働きであった。

「私は律法を通して律法に死んだ。――私はキリストとともに十字架につけられてしまった」（ガラ二19）。「イエス・キリストによって世は私に対して、私は世に対して、十字架につけられてしまった」（ガラ六14）。パウロは信仰による旧き自我《エゴ》の死をこのように表現するのである。

サクラメント

するとここからして洗礼、聖餐《せいさん》という礼典《サクラメント》も類型Aの神学の場合とは違ったように理解されてくることになる。洗礼は全身を水に浸す儀式で、キリスト教以前からあった。ユダヤ教の枠内では、異邦人であってユダヤ教に改宗した者は、割礼と洗礼を受け、律法全体を行なう義務を負った。新約聖書がイエスの先駆者と見做《みな》している洗礼者ヨハネは、目前に終末が迫っていることを告げて民の悔い改めを求め、「罪の赦しを得させる」洗礼を施した（マコ一4等参照）。イエス自身、ヨハネから洗礼を受けたと信じられている（マコ一9～11等）。これは史実と考えられる。イエス自身は洗礼を施さなかったようだが、原始キリスト教において、入信者は洗礼を受けた。パウロも数多くはないが、何回か洗礼を授《さず》けている（Iコリ一14～16）。類型Aの神学では、洗礼は律法違反の意味での罪の赦しと結合していたと思われる（「君達は悔い改め、各々イエスの名において、あなた方のもろもろの罪の赦しを得させる洗礼を受けなさい」、行二38）。しかし信仰の決断における旧い自我の死ということが洗礼と結びつくとき、全身水に浸ったのち水から上がる儀式は、自我の死と再生を意味することになる。そして自我の死と再生は、洗礼という儀式自身によるのではなく、イエス・キリストの死と復活の出来事に基づくものであり、ゆえに洗礼を受けることは、イエスの死と復活に参与することとなるのである。

「イエス・キリスト（との合一）に到らしめる洗礼を受けた私達はみな、彼の死（との合一）に到らしめる洗礼を受けたことを、あなた方は知らないのですか。ゆえに私達は、（彼の）死に合一させる洗礼を通して彼とともに葬られたのです。それはキリストが父（なる神）の栄光（の力）によって、死者の中から甦ったように、私達も新しい生命にあって歩むためなのです」（ローマ六3、4）。

同様に聖餐は、イエスが敵の手に渡される夜、弟子達と最後の食事の時を持ったことに基づくとされている。聖餐に関する最古の伝承は既に、パンとキリストのからだとを、また葡萄酒《ぶどうしゅ》とキリストの血とを、結合している（マコ一四22、Ⅰコリ一一24）。この点が史実によるのか、後代の原始キリスト教団の解釈なのか問題であるが、やはり後者と考えてよかろう。というのはイエスの死を神の救済行為と解したのはイエスではなく、原始教団だからである。いずれにせよ、最古の伝承では、イエスの「からだと血」は、イエスの死によって新しい契約が立てられたことを含意し（マコ一四24、Ⅰコリ一一25）、聖餐はそれ自体が、イエスの死によって新しい契約が成り立ったことの記念なのである（Ⅰコリ一一24、25）。それに対して、類型Bの神学の枠内では意味づけが異なってくる。類型Bの神学形成の背後にヘレニズム救済宗教があったこと、これらの救済宗教では、信徒は救済神の死・復活を反復する儀式に参加したことは既に述べた。そして類型Bの神学では、聖餐も右と同様の意味を持ってくるのである。「私達が祝福する祝福の杯、それはキリストの血に与ることではありませんか。私達が裂くパン、それはキリストのからだに与ることではありませんか」（Ⅰコリ一〇16）。ここからして二世紀には、聖餐は不死の薬だという考えさえ生まれたのである（『イグナティオスの手紙』、エペソのキリスト者へ、二〇2)。

終末論

いまなお地上に生きる信者が既にキリストと合一しているという自覚は、終末論にも影響を及ぼさないわけにはいかない。既に述べたように、ユダヤ教的伝承をふまえての終末論は将来的である。終末の到来は将来に望まれている。キリストが再び来たり、死者は甦って生者とともにキリストの審きの座の前に立つ。神に敵対する勢力はことごとく滅ぼされる。キリスト信徒はキリストとよろこびの対面を果たし、永遠の神の国に入る。ここに永遠の生命が現実となるのであった。

それに対して類型Bの神学の枠内では将来的終末への言及がない（さきに引用したピリ二6～11のキリスト讃歌、二〇四ページ参照）。それはヘレニズム異邦世界には一般にユダヤ教的終末論の伝統が欠けていたからでもあるが、むしろ類型Bの神学の思考が個人的であるからである。信仰において個個人の救済は成就してしまったのである。この意味で終末は既に現在となった。信徒は「死から生へ移ってしまった」（ヨハ五24）のである。神の民の歴史と運命はここでの主題ではない。歴史の終末への展望はないのである。

キリストが私の中で生きている、と言うパウロは当然右の見解を受容するはずである。しかし当時のユダヤ人として、むしろパリサイ人として、強い終末論的思考の中に生きていた彼は、まさにユダヤの民の運命を大切な問題としていたゆえであろう、彼においてはやはり将来的終末論の枠組が優越してくるのである。パウロは、一方では死んだ信徒は終末時に甦ると言いながら（Iテサ四16）、つまりそのときまでは死んだ状態にとどまると考えていながら、他方では「私の願いは、死んでキリストとともにあることだ」（ピリ一23）と洩らす。ここでは彼は死後直ちにキリストのもとでキリストとともに生きるわけである。しかしパウロはこの点で甚《はなは》だ慎重である。類型Bの考え方からすれば、キリストを信じて洗礼を受け、聖餐に与った者は、キリストとともに死に、ともに生きているはずである。それはパウロの自覚でもあった（ガラ二20）。しかし彼は他方で、永遠の生はあくまで将来の終末論的賜物であることに固執する。だからパウロは次のように語るのである。「もし私達がキリストとともに死んだのなら、私達は、キリストと一緒に生きるであろう（未来形）ことを信じます。それはキリストが死者の中から甦って再び死ぬことがなく、死は彼をもはや支配しないことを知っているからです」（ローマ六8〜9）。

熱狂主義

以上のことと関連しておわりに、類型Bの神学の極端な形に対するパウロの批判を述べておこう。パウロはIの章で述べたように、『コリント人への第一の手紙』で、コリントのキリスト教団の中に生じた危険な傾向（熱狂主義）と闘っている。もっともパウロがこの傾向の人達の主張を正確に理解した上で批判したのかどうか、必ずしも明らかではない。とにかくパウロの理解によれば、この人達は「死者からの復活は存在しない」と言った（Iコリ一五12）。さらに「何をしても差し支えない」と主張して（Iコリ六12、一〇23）、実行した。ところでこの主張、つまり信徒は既に死から生へ移ってしまった、ゆえに復活を将来の終末に望む必要はない、信徒はキリストに結ばれ、したがってもはや律法に束縛されない、人は自由である、というような主張はまさに『ヨハネ福音書』（類型Bの神学）の告知なのである（五24、八36等）。しかし、「熱狂主義」と類型Bの神学の間には微妙だが決定的な違いがある。それは類型Bの主張は、基本的に個人の個人としてのあり方にかかわっているということである。それは自己とは何か、いかにあるべきか、という問いへの答えである。この答えはそれ自身、決して人格の社会性と相容れないものではない。それと区別される個人面にかかわっているだけであった。それに対して熱狂主義の問題は、社会性一般が欠落していることである。つまり人格が本来社会的であるべき局面でそれを無視することであり、律法主義と正反対の偏向なのである。倫理性が問われる行為のように、社会的普遍性と妥当性を考慮しなくてはならない場合に、それが無視されるのが問題なのである。つまり熱狂主義とは、人格がまさに社会的であるべき局面でそれを無視し、客観的秩序一般を拒否して、自己を「霊的人間」と見做すことである。事実は客観的・社会的秩序を無視する個人の恣意が絶対化されているにすぎないのに、それゆえ、キリストから生きているとはもはや言えないのに、自己と、自己に内在するキリストとの合一を誇り、それゆえ「何をしても差し支えない」と主張しまた振舞うことである。これが正当に「熱狂主義」として批判されるべきものなのだ。パウロが事実このような熱狂主義と闘ったのか、あるいは類型Bの神学を誤解してこれを批判したのかは、微妙な問題であって必ずしも断定できないが、私達はパウロ自身の考え方からして、パウロの意を汲むべきであろう。パウロは恐らく純粋な形での類型Bの神学を容認することはできなかったのだ。彼にとって個人としての個人は存在せず、個人は常に社会人として存在したのであった。私達はここにパウロの倫理的健全さと同時に、ひとつの限界をみることもできるであろう。もともと類型Bの神学は、『ヨハネによる福音書』が示すように、独立して存在しうるものなのである。またパウロは自分の神学の中に類型Bの要素を併せ持っている。しかしパウロは両者を分けなかった。パウロにとって信仰(類型Bの中心概念)は、私達の罪を贖うため十字架につけられたキリスト(類型Aの中心概念)への信仰だったからである。だからパウロ神学は、ヨハネ神学とも、また浄土仏教とも違う形をとったのであった。

むすび

以上述べたように、パウロの神学にはふたつの考え方が結びついている。それをひとつの矛盾のない体系の形で叙述することはできない。またパウロの思考は、二千年前の地中海沿岸世界の人間の考え方を前提としている。それをいきなり現代の我が国に持ってきても、そのままの形で受け容れよと言うほうが無理である。私は本書で、パウロの神学の普遍的な意味、すなわち時とところを超えて現代の私達に訴えるものを取り出し、説明しようと試みた。本書のまとめとして以下に、今日の私達がパウロの思想を受け継ぎ展開してゆく方向のようなものを略述しよう。

第一に、私達はイエスの「復活」ということを文字通りに受け取る必要はない。キリストがパウロに現われたという出来事は、もともと万人のもとに無条件に臨在する超越者の働きが、あらわになったことである。自己が自己を超えたところから自己たらしめられている事実が自覚された出来事である。それは、イエスが神の支配＝人の子と呼び、浄土仏教が阿弥陀仏と呼んでいるものと――把握と表現の仕方は違うとはいえ――つきつめて考えると本質上同じものである。

第二に、イエスの死を律法違反のための贖いと解することについて言えば、そもそも私達は「律法」を持っていない。律法違反の罪によって死後地獄に落とされるとも思っていない。またパウロ自身が、律法主義そのものを誤りとしているのは本書で詳しく述べた通りである。私達は、イエスの贖罪死と（文字通りの意味での）復活とが、私達の救済の唯一絶対の根拠だと考える必要はない。

するとと私達が真剣に私達の問題として考えなくてはならないことは、「自我《エゴ》が死んで『キリスト』が私の中で生きている」とパウロが言う、その生き方である。すなわち生の営みの主体の問題である。パウロが最も問題にしているのは不道徳ではない。不道徳が超えられたところに出てくる問題である。私達が一般によしと認められている規範を受け容れ、自己をそれに合うものとしようと努め、超自我が絶えず自我の営みを監視する仕方で、価値ある存在となろうと努力する。パウロがえぐり出すのは、このような、一見全く立派な生き方が持つ問題性である。パウロは、この生き方は他律であって、しかもその努力の主体はエゴだ、と断ずるのだ。それは当たっている。このような生き方は、エゴの営みであって、パウロが言う通り、深く内発的な自然、つまり「私の中に生きるキリスト」からの生を知らない。それは人間本来のあり方からみれば生命の抜け殻であり、形骸であるにすぎない。ひとびとはそれを知らないから、そのような生き方を怪しまないだけなのだ。

パウロは生命に到る道として、十字架につけられた方《かた》への信仰を説く。それは前述のところから、ひとつの道であって、唯一の道ではないと言える。阿弥陀信仰も、禅のさとりも、それへの道であろう。あるいは現代人は、過去の宗教を批判はしても、ほんとうに自分達にふさわしい生命への道を、まだ見出していないのかも知れない。

しかしひとつのことは忘れてはならない。それはパウロが指し示す人格本来の生は、単に個人的な生ではなく、社会的な生だということだ。律法の根柢に存在する神は、同時に自己を生かすものである。だから「汝なすべし」と「我欲す」とは矛盾しながらひとつになり、共鳴する。それが本当だ、という見方である。エゴイズムを克服した人格は、このような超越者の働きの場の中で生きる。こうして、他律と自律が矛盾しながらひとつになるという基本構造をとらえたときに、私達ははじめて、そこから一方ではエゴイズムを批判するとともに、他方では社会の構造の変革をも求めることができるのだ。単なる反体制や社会正義の要求は、何とそれを求める側のエゴイズムに侵され易いことか。それでは結局、そのような改革は独善に陥って民衆の支持をさえ失うのである。

宗教の世界とは決して何か特別なもの、「超自然的」なものではない。いわんやオカルトめいたものではない。パウロにしても、万人の生本来の可能性を指し示しているのだ。パウロは自らその生を生き、その証言をしたのだ。それを聞き取り、深くそれに思いをいたして、私達も自らその生に生きることを求めよう。そのときに私達はパウロを理解したことになるのである。

おわりに——パウロと私——

学生の頃、私は自分のエゴイズムに苦しんでいた。戦後の混乱期で、私達は人格形成の理念を見失っていたのだが、キリスト教の家庭に生まれ育った私は、自分なりに人間のあるべき姿を隣人愛に求めていた。しかしその努力は自分のエゴイズムを気付かせただけであった。人を愛しようという気持ちはほんとうに人のためを思うところから出ているのではなく、自分の道徳性を高めようという、一種の自己満足を求めるところから出てくるのであった。それを抑えよう、克服しようとする努力すら同様なのであった。

絶望した私を救い出したのは、人が義とされるのは信仰によるのであって、律法（道徳）の行ないとは無関係だというパウロの言葉であった（ローマ三28）。私はイエス・キリストを信ずる者となり、新しい生を知った。

大学院で新約聖書学を専攻するようになり、ドイツに留学してキリスト教神学を学ぶうちに、私はたまたま仏教に触れたこともあって、新約聖書の批判的理解の方向に進んでいった。そしてイエスの奇蹟とか、パウロの説くような「イエス・キリストの贖罪死・復活」とかは、文字通りの意味で受け取る必要のないことを知り、パウロがそういう言い表わしで語ろうとした当の事柄を尋ね求めるようになった。こうして一旦パウロ的な信仰から離れ、批判的理解の立場から振り返ってみると、パウロの問題が人間の主体とは何かということであることが解ってきたのである。私はこの観点から本書を書いた。パウロの問題はじかに私自身にかかわるからである。

● **写真出典**

パウロ(口絵)…デューラー「四人の使徒」、タルソ(一一ページ)…石田友雄氏撮影、エルサレム(一七ページ)・ユダヤ教神殿跡のイスラム寺院(二二ページ)…鳥羽和男氏撮影、パウロの回心(二六ページ)…ミケランジェロ「聖パウロの回心」、城壁を籠で吊り下ろしてもらうパウロ(三一ページ)…半田元夫編訳『聖パウロ』より引用、テサロニケ(五〇ページ)…石井秀氏撮影、アテネのアクロポリス(五一ページ)・コリント(五三ページ)…清水書院編集部撮影、ローマ時代の奴隷(五八ページ)…『EUROPE A VISUAL HISTORY』より引用、ローマ(六六ページ)…編集部撮影、皇帝ネロ(七二ページ)…コリント博物館蔵、ニーチェ(九六ページ)…『ニーチェ』(人と思想)より引用、モーセ(一〇八ページ)…ミケランジェロ作、道元(一〇八ページ)…宝慶寺蔵、神にイサクを献ずるアブラハム(一三四ページ)…デューラー作、親鸞(一四一ページ)西本願寺蔵、エペソ(カバー裏)…中川弘氏撮影

史料と参考文献について

史料……パウロ研究の史料は、第一にパウロが書いた手紙、第二は『使徒行伝』である。新約聖書にはパウロが書いたことになっている手紙が十三通あるが、そのうち学界で一般に真正のパウロ書簡と認められているものは以下の七通であり、本書もこの見解をとっている。すなわち『ローマ人への手紙』、『コリント人への第一の手紙』、『コリント人への第二の手紙』、『ガラテア人への手紙』、『ピリピ人への手紙』、『テサロニケ人への第一の手紙』、『ピレモンへの手紙』。なお人名表記は主として口語訳聖書（日本聖書協会訳）にしたがった。

本文……日本聖書協会訳の口語訳『聖書』のほかに、同協会からカトリック、プロテスタントの共同訳が出ている。後者は日本語としては口語訳よりよいが、人名表記等に多少の問題がある。なお本書での聖書の引用は私訳によるものである。

パウロの手紙の概説……G・ボルンカム『新約聖書』、佐竹訳、新教出版社、昭47。新井智『聖書を読むために』、筑摩書房、昭49。

パウロの時代の諸史料集……蛭沼、秀村他『原典新約時代史』、山本書店、昭51。専門的。

パウロをめぐる諸問題……荒井献編『パウロをどうとらえるか』、新教出版社、昭47。これは問題の所在への展望を与えている。

パウロの生涯と思想の概説……G・ボルンカム『パウロ』、佐竹訳、新教出版社、昭45。

パウロの生涯……佐竹明『使徒パウロ』、NHKブックス、昭56。

パウロの手紙と使徒行伝の翻訳に説明を加えた敷衍訳……荒井、佐竹他『聖書の世界』6、新約Ⅱ、講談社、昭45。

パウロの手紙と使徒行伝の註解……松木治三郎『ローマ人への手紙』、日本基督教団出版部、昭41。佐竹明『ガラテア人への手紙』、新教出版社、昭49。佐竹明『ピリピ人への手紙』、新教出版社、昭44。荒井献『使徒行伝』上、新教出版社、昭52。

パウロ神学の概説・研究書……R・ブルトマン『新約聖書神学』Ⅱ、川端訳、新教出版社、昭41。松木治三郎『人間とキリスト』、新教出版社、昭36。松永晋一『からだと倫理』、新教出版社、昭51。

パウロ年表

（本文五二〜五三ページ参照）

西暦	パウロ関係	ローマ史
紀元前二七		オクタヴィアヌス（前六三〜後一四）、アウグストゥスの称号を受け、ローマ元首政はじまる
四	イエス誕生。ヘロデ大王（前三七〜前四）死す	
紀元後 一	パウロ誕生	
一四		ティベリウス帝即位（〜三七）
二六	ポンティウス・ピラトゥス、ユダヤ総督となる（〜三六）	
三〇	イエス、刑死す	
三三	パウロの回心	
三五	第一回エルサレム訪問。以後四九年までの間に、シリアのアンティオキアで伝道活動。第一回伝道旅行（四七〜四八？）	

三七		カリグラ帝即位（〜四一）
四一		クラウディウス帝即位（〜五四）
四九	エルサレム教会の指導者と協定（いわゆる使徒会議）。第二回伝道旅行（〜五二）。この間コリント滞在（五〇〜五二）。ガラ（南ガラテア説）、Ⅰテサ	この頃ユダヤ人追放令
五二	第三回伝道旅行（〜五六）。エペソ滞在（〜五五）。ガラ（北ガラテア説）、ピリ、ピレ、Ⅰコリ、Ⅱコリ	
五四		ネロ帝即位（〜六八）
五五	コリント滞在（〜五六）。ローマ	
五六	エルサレムで逮捕される。カイサリアで獄中生活（〜五八）	
五八	ローマへ出発	
五九	ローマ着。ローマで獄中生活（〜六一）	
六〇	六〇年代はじめ、ローマで殉教？	
六四		ローマ大火。ネロ帝のキリスト信徒迫害
六六	ユダヤ戦争（ユダヤの対ローマ叛乱）おこる（〜七〇）	
七〇	エルサレム陥落	

さくいん

【人名】

【事項】

【新約聖書引用箇所】

(各欄の漢数字は該当聖書の章を、算用数字は節を示す)

—B—

パウロ■人と思想63　定価はカバーに表示

1980年12月20日　第1刷発行©
2015年9月10日　新装版第1刷発行©
2023年2月15日　新装版第2刷発行

・著　者 ……………………………… 八《や》木《ぎ》　誠一《せいいち》
・発行者 ……………………………… 野村久一郎
・印刷所 ……………………………… 大日本印刷株式会社
・発行所 ……………………………… 株式会社　清水書院

〒102-0072　東京都千代田区飯田橋3-11-6
Tel・03(5213)7151～7
振替口座・00130-3-5283
http://www.shimizushoin.co.jp

検印省略
落丁本・乱丁本は
おとりかえします。

CenturyBooks　Printed in Japan
ISBN978-4-389-42063-5

CenturyBooks

清水書院の〝センチュリーブックス〟発刊のことば

近年の科学技術の発達は、まことに目覚ましいものがあります。月世界への旅行も、近い将来のこととして、夢ではなくなりました。しかし、一方、人間性は疎外され、文化も、商品化されようとしていることも、否定できません。

いま、人間性の回復をはかり、先人の遺した偉大な文化を継承して、高貴な精神の城を守り、明日への創造に資することは、今世紀に生きる私たちの、重大な責務であると信じます。

私たちがここに、「センチュリーブックス」を刊行いたしますのは、人間形成期にある学生・生徒の諸君、職場にある若い世代に精神の糧を提供し、この責任の一端を果たしたいためであります。

ここに読者諸氏の豊かな人間性を讃えつつご愛読を願います。

一九六六年

清水

SHIMIZU SHOIN